Silvia Maaß

Mit Kindern Bilder zaubern

Betrachtungen und Anregungen zum Bildgestalten mit Kindern

Silvia Maaß

Mit Kindern Bilder zaubern

Betrachtungen und Anregungen zum Bildgestalten mit Kindern

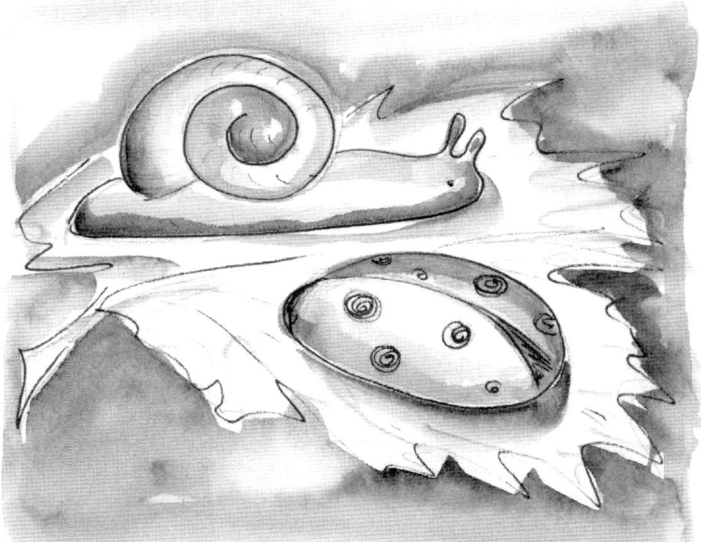

verlag modernes lernen - Dortmund

Mein Dank gilt den kleinen fleißigen Künstlern, die mich durch ihre Begeisterungsfähigkeit anspornten und mir freundlicherweise einige ihrer Kunstwerke schenkten. Dabei denke ich vor allem an

Andreas, Paul-Otto, Sabrina, Marius, Bastian, Angi, Norman, Markus, Sandra, Katrin, Susi, Kathrin, Adrian, Heidi und viele andere.

Insbesondere danke ich aber auch meiner Mutter, Renate Neutzling, ohne deren technische und organisatorische Hilfe dieses Buch wohl nicht entstanden wäre und meinem Sohn Franz Leonard.

2., verb. und erweiterte Aufl. 2004

Gesamtherstellung: Löer Druck GmbH, Dortmund

Titelbild und Illustrationen: Margrit Bertschinger (CH)

Bestell-Nr. 1219 ISBN 3-8080-0557-2

Inhalt

Vorwort zur zweiten Auflage

Die vorliegende 2. Auflage unterscheidet sich von der ersten vor allem in zwei Punkten:

Zum einen wurden zahlreiche neue Ideen eingefügt, die teilweise besonders für ältere Kinder geeignet sind, so dass das Buch in dieser Form auch Eltern, Erzieherinnen oder Therapeuten älterer Kinder ansprechen dürfte.

Zum anderen sind die bildkünstlerischen Anregungen nicht mehr Altersgruppen zugeordnet.

Nach dem theoretischen Teil, der – nach wie vor – Einblicke in die altersspezifischen Besonderheiten beim bildnerischen Gestalten gibt, folgt der Praxisteil, in welchem die Techniken und Anregungen der Reihe nach dargestellt werden. Eine gewisse altersspezifische Berücksichtigung erfolgt dennoch, indem der Schwierigkeitsgrad zunimmt, also die komplizierteren Techniken weiter hinten zu finden sind.

Eine Sortierung nach Themen erschien nach längerem Überlegen als nicht sehr sinnvoll, da die einzelnen Techniken meist keinem speziellen Thema zugeordnet werden können, sondern als Anregung für unterschiedlichste Bereiche dienen. Mit der Wachsdruckplatte beispielsweise können sowohl Weihnachtskarten mit einem Krippenmotiv als auch Blumenbilder und vieles mehr hergestellt werden. Eine Zuordnung nach Themen verstellt, so meine Befürchtung, den Blick für die vielen anderen Möglichkeiten, die jede einzelne Technik bietet.

Zum Schluss möchte ich mich wiederum bei allen bedanken, die direkt oder indirekt an der Ausgestaltung dieses Buches mitgewirkt haben.

Dabei denke ich vor allem an Renate, Jörg, Marianne und Vincent, an unsere Söhne Franz Leonard und Konstantin und an die anderen kleinen Künstler, die mich durch ihre Begeisterungsfähigkeit anspornten.

Außerdem gilt mein Dank Frau Balke-Schmidt, die mir als Lektorin immer freundlich und kompetent zur Seite stand und Frau Bertschinger, deren schöne Illustrationen das Buch bereichern.

Einleitung

Kinder in ihrer Kreativität zu stärken, ist ein sowohl lohnenswerter als auch meist vergnüglicher Prozess.

Unter Kreativität wird die Fähigkeit verstanden, ungewöhnliche und dennoch angemessene Lösungen zu finden. Daher verwundert es kaum, dass im Allgemeinen von einem Zusammenhang zwischen Kreativität und Intelligenz ausgegangen wird.

Bedarf es nun zur Entwicklung kreativer Neigungen bei Kindern künstlerisch begnadeter Eltern oder Erzieher? Zum Glück ist dies nicht der Fall. Unter einem kreativ-musischen Einfluss versteht man vielmehr eine begünstigende harmonische Atmosphäre, in der den Kindern vorgelesen, vorgesungen oder Musik (auch von CD oder Kassette) vorgespielt wird; in der miteinander gesprochen, gebastelt und phantasievoll gespielt werden kann.

Um eine solche Atmosphäre zu schaffen, sind also weniger die künstlerischen Talente erforderlich, als vielmehr der Wille, die Kinder häufig einzubeziehen und zu begeistern.

Die Bildgestaltung (Malen, Zeichnen, Drucken ...) macht demnach nur einen Teil der kreativen Tätigkeiten aus. Dennoch beschränkt sich dieses Buch – um den Rahmen nicht zu sprengen – auf das Gebiet der bildnerischen Kunst mit Kindern. Dabei werden neben dem Aufzeigen verschiedener Gestaltungsmöglichkeiten auch phantasievolle Malspiele vorgestellt und Fragen wie diese diskutiert:

- Wie kann man die Kinder schon früh s i n n voll fördern, ohne sie zu überfordern?
- Wie ermöglicht man ihnen bildkünstlerische Möglichkeiten?
- Welche altersspezifischen Besonderheiten sind zu beachten?

Dieses Buch stützt sich auf pädagogische und psychologische Erkenntnisse, gibt Antworten auf einige Probleme, die auftreten können und versucht, den Leser zu sensibilisieren für die bildnerische Erlebniswelt der ihn umgebenden Kinder.

Alle Beispiele sind ohne Vorkenntnisse mit wenig Aufwand realisierbar. Es wird niemand durch komplizierte Techniken oder teure Materialanschaffungen verschreckt und es muss auch niemand Bastelläden durchstöbern und viel Zeit für Vorbereitungen investieren. Alle notwendigen Utensilien sind billig und einfach zu handhaben. Sie finden sich in fast jedem Haushalt und erst recht in jeder Kita, zum Beispiel: Wollreste, Papiertaschentücher, Bunt- und Geschenkpapier, Kerzen und Tapetenkleister.

Viele Gestaltungsvorschläge berücksichtigen Besonderheiten beim Arbeiten mit Kindern unterschiedlichen Alters. Diesen Bemerkungen ist ein Punkt (●) vorangestellt.

Viel Spaß beim gemeinsamen Experimentieren und beim Entdecken neuer Eigenschaften und Talente an Ihren Kindern.

1. Vorübungen schon für Babys?

1.1 Sinnliches Erfassen – was ist machbar, was s i n n voll, was erforderlich?

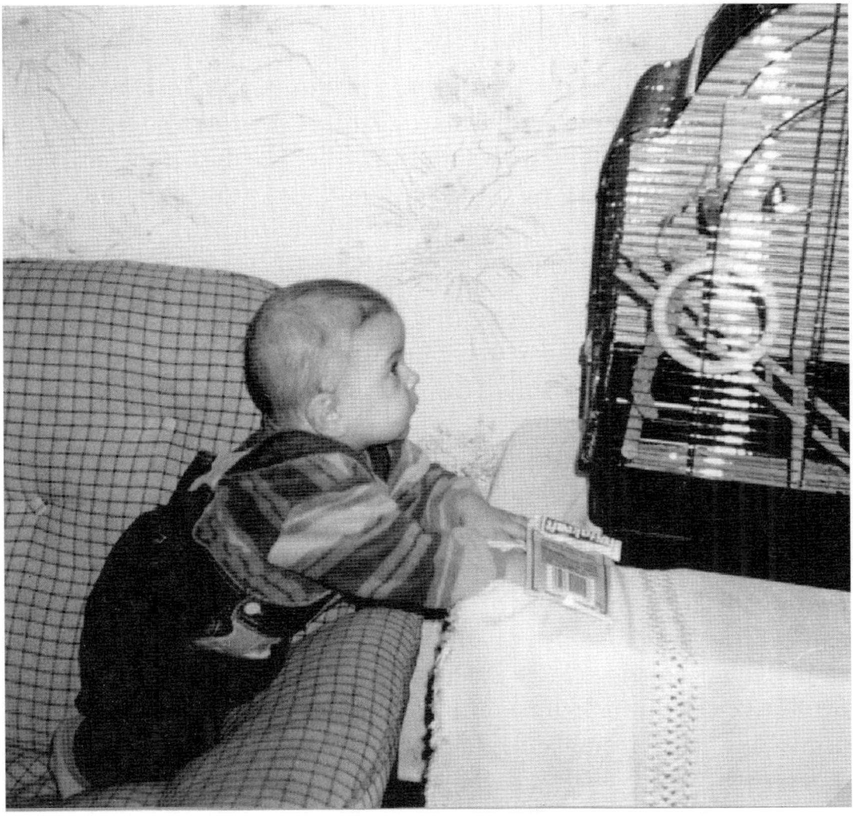

Das Babyalter mit Ästhetik und Kreativität in Verbindung zu bringen, mag vielleicht den einen oder anderen Leser verwundern. Es geht jedoch lediglich um ganz einfache – wenn auch grundlegende – Vorübungen, um das Einsetzen der Sinne, um die Wahrnehmung und um die kindliche Neugierde, die Welt zu entdecken. Mit allen Sinnen nimmt das Kind seine Umgebung wahr, denn für seine intellektuelle Entwicklung benötigt das Kind viele Reize aus der Umwelt; jede einzelne Erfahrung strukturiert das Gehirn. Seine Umwelt, das ist die Familie, der Garten, der Spazierweg, die Nachbarskinder, der Ball, die Rassel, die Kita oder der Supermarkt. Genug Reize für Augen und Ohren gibt es also allemal, oft zuviel. Unsere Aufgabe ist es daher, den Kindern die Möglichkeit zu geben, Dinge mit verschiedenen, am besten allen Sinnesorganen zu entdecken, ohne sie dabei zu überfordern.

Eine einseitige Überfütterung von visuellen Reizen beispielsweise führt zu einer verminderten Aufmerksamkeit. Dem Kind schadet unaufhörliche Abwechslung eher. Es kann mit ständig wechselnden Reizen nichts anfangen und ignoriert sie. Nur wenn Informationen in bereits vorhandene Erfahrungen hineinpassen, werden sie auch aufgenommen.

Ein Beispiel: Zum Weihnachtsfest schenken Eltern ihrem acht Monate alten Baby eine Krabbelrolle. Prall mit Luft gefüllt, rollt sie nun auf das sonst durch nichts zu ängstigende Kind zu. Doch dieses fängt plötzlich an zu brüllen. Alle Demonstrationen bleiben erfolglos. Das Baby beruhigt sich, straft jedoch die Rolle mit absolutem Desinteresse. Es kann damit nichts anfangen, denn seine Erfahrungen mit rollenden Gegenständen sind noch begrenzt. Ein paar Wochen später könnte die Sache schon ganz anders aussehen. Vielleicht hat das Baby inzwischen sein Interesse an Bällen und Kugeln in allen Größen und Farben entdeckt. Es ist durchaus denkbar, dass der Rolle nun größte Aufmerksamkeit gezollt wird. Die Erfahrungen mit den Bällen erwiesen sich demnach als gute Vorbereitung für den Umgang mit der Rolle. Sie ist dem Baby jetzt weniger fremd, denn sie zeigt Eigenschaften, die es kennt. Trotzdem verlangt sie ihm eine gewisse Flexibilität ab oder besser gesagt, eine Anpassung seines Verhaltensschemas: Das Baby lernt, dass sein neues Spielzeug nur in eine Richtung rollen kann, dass es Spaß macht, sich auf die Rolle zu legen und einiges mehr. Dieses Beispiel zeigt uns, wie wichtig es für die optimale Entwicklung des Kindes ist, ihm bestimmte Spielmaterialien wohlüberlegt anzubieten und zu beobachten, wann der Zeitpunkt für neue Angebote oder Abwandlungen gekommen ist.

Was veranlasst nun das Kind, ein Ding mit allen Sinnen wahrzunehmen und damit seine geistige Entwicklung voranzutreiben und selbständiger zu werden?

Eines der stärksten Antriebsmotoren ist das Interesse – die Neugierde also, oder anders ausgedrückt: das angeborene Erfahrungsbedürfnis. Denken wir ruhig an uns selbst. Wenn wir uns wirklich für etwas interessieren, beschäftigen wir uns allumfassend damit und entwickeln Kompetenz.

Bedenken wir auch, dass Widersprüche ein wichtiger Motor der Entwicklung sind. Wir tun unserem Kind daher keinen Gefallen, wenn wir ihm alle Hindernisse aus dem Weg räumen. Lassen wir es also oft selbständig herumexperimentieren unter unserem aufmunternden Blick.

Es versteht sich, denke ich, von selbst, dass für Babys die Kommunikation mit seinen Lieben nicht nur für sein Weiterkommen erforderlich, sondern direkt lebenswichtig ist.

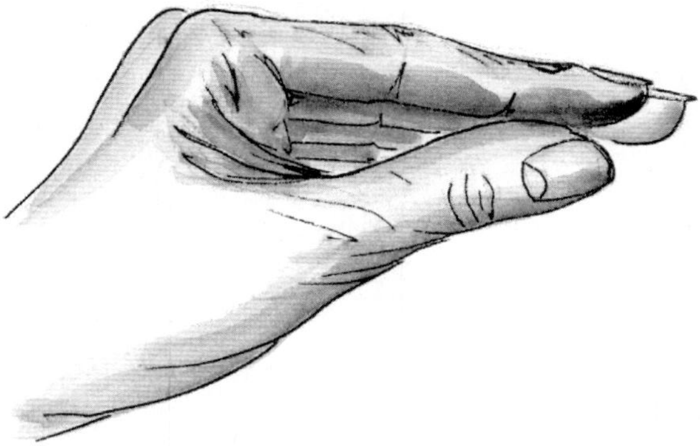

Kommunikation in Form von Haut- und Blickkontakt, Fingerspielen, Ammensprache, Mimik, Gestik und so weiter sind natürlich die wichtigsten Voraussetzungen überhaupt für die Freude und das Interesse am Entdecken der Welt.

Für das ästhetische Bewusstsein, für welches schon früh die Grundlagen gelegt werden können, bedeuten all diese Überlegungen:

Auch ein Kind kann später nur Dinge gestalten oder entwerfen, die es umfangreich kennen lernen durfte. Seine Sinne müssen geschärft sein, und damit beginnen wir am besten im Babyalter. Unsere Phantasie ist gefragt, ein gewisses Maß an Toleranz und reichlich Humor.

Wir müssen nur die Möglichkeiten erkennen und nutzen, die in den Alltagssituationen stecken, zum Beispiel beim Baden, beim Tanzen auf Mamas Arm oder beim Babysport.

Eine einfache Möglichkeit, den Tastsinn zu fördern, bietet das folgende Spiel.

1.2 Der Reisbeutel

Aus dünnem kochechten Stoff wird ein Säckchen genäht. Durch den Tunnel ziehen wir ein Gummiband – das ermöglicht ein Auf- und Abhüpfen des mit Reis gefüllten Beutels.

Dem Kind macht es Spaß:

- den Reis zu erfühlen,
- diesen leise rascheln zu hören,
- daran schnuppern zu dürfen (der Beutel kann mit natürlichen Mitteln parfümiert werden, wie zum Beispiel mit Zitrone),
- zu probieren, wie es wohl schmeckt und
- zu beobachten, wie das Säckchen hin- und herschwingen, auf- und abhüpfen kann.

Selbstverständlich darf der Inhalt des Beutels ausgewechselt werden, zum Beispiel mit Murmeln (gut zubinden), Knisterpapier, Linsen...

● Abgewandeltes Spiel mit älteren Geschwisterkindern:

Der Beutelinhalt wird unbeobachtet ausgewechselt und das ältere Kind darf nun mit geschlossenen Augen erfühlen und erraten, was sich im Säckchen befindet.

Aber auch das Essen ist eine Angelegenheit, die viele Sinne anspricht.

1.3 Feste und Feiern für ältere Babys

Kleinere Feste und Feiern sind für Babys keine Überforderung. Im Gegenteil, sie lieben neben ihren Riten auch etwas Abwechslung. Feste können wir zum Anlass nehmen, die Kleinen bei den Vorbereitungen mit einzubeziehen. Gespannt verfolgen sie zum Beispiel, wie die Mama das Fenster schmückt, wie sie Veränderungen im Raum vornimmt und vielleicht ein Liedchen dazu trällert. Indem wir das überraschte Kind nicht vor vollendete Tatsachen stellen, sondern es an den Vorbereitungen mit teilhaben lassen, und sei es auch nur durch das Zuschauen, schaffen wir eine musisch-begünstigende Atmosphäre.

2. Das Kleinkind kann schon eine Menge

2.1 Was ein kleines Kind braucht

Liebe und Geborgenheit einer Familie und der ganz normale Tagesablauf ist das, was ein Kind braucht und was es fördert. Unser Kleinkind soll zwar Anregungen empfangen und profitiert, genau wie ältere Kinder, von gemeinsamen Erlebnissen und Beschäftigungen mit den Eltern, aber es muss auch eigene Erfahrungen sammeln können.

Eltern brauchen also kein schlechtes Gewissen zu bekommen, wenn sie weder Zeit noch Lust haben, den ganzen Tag mit ihren Kindern etwas anzustellen. Oft reicht es einem Kleinkind schon, wenn Mama oder Papa mit im Kinderzimmer sitzt. Es akzeptiert dann eher, wenn der Erwachsene sich auf eine eigene Beschäftigung konzentriert, zum Beispiel die Zeitung zu lesen. Indem das Kind erlebt: „Mama und Papa haben mich lieb und sind bei mir, aber sie beschäftigen sich auch mal nur mit sich selbst", werden die Eltern zum Vorbild. Diese Demonstration von Autonomie ist viel wirkungsvoller als leere Ermahnungen wie: „Spiel doch mal alleine!"

Das zeitweilige In-sich-gehen, die Fähigkeit, „sich mit sich selbst" zu beschäftigen, ist für die Herausbildung von Kreativität eine wichtige Voraussetzung. Vielen Menschen gelingt es erst Phantasie zu entfalten, wenn sie Muße haben, also Zeit für sich selbst; sogar, wenn sie nicht räumlich allein sind.

Auch ein Kind muss es lernen, ab und an mit sich selbst auszukommen. Natürlich ist das Zusammenspiel mit anderen, insbesondere älteren, Gefährten für ein Kleinkind äußerst anregend – es nimmt die Großen zum Vorbild und ahmt sie nach. Doch wenn es pausenlos durch Familienmitglieder und Kameraden vereinnahmt oder durch Medien berieselt wird, wie soll es da überhaupt die Zeit finden, Phantasie zu entwickeln?

2.2 Zehn kleine Zappelmänner wollen trainieren

Im Kleinkindalter hat die Schulung der Sinne weiterhin Priorität, ebenso die Entwicklung der motorischen Fertigkeiten, das heißt unter anderem: Dem Kleinkind müssen wir immer wieder interessante Möglichkeiten anbieten, um spielerisch und lustbetont seine Fingerfertigkeit auszubilden. Denn – und das ist in diesem Alter ja von besonderer Bedeutung – eine gut entwickelte Fingerfertigkeit ist eine Vorraussetzung für die Selbstbedienung (Waschen, Anziehen, Essen ...) und damit für die Selbständigkeit des Kindes. Selbständigkeit wiederum gibt, wenn auch die anderen Bedingungen günstig sind, Selbstvertrauen und ein gesundes Selbstbewusstsein.

Wie können wir unser Kind in diesem Prozess unterstützen? Neben dem oft unüberschaubaren Spielzeugangebot gibt es auch simple und nicht zuletzt billige Alternativen. Viele Kinder lieben zum Beispiel Gefäße mit Deckel. Dickwandige kleine Fläschchen, Becher, ausgewaschene Haarshampooflaschen aus Plastik und so weiter werden gern von ihnen untersucht und zwar oft mit einer Intensität und Leidenschaft, die sie im Umgang mit gewöhnlichem Spielzeug vermissen lassen.

Wenn wir im Kleinkindalter vom bildnerischen Gestalten sprechen, können wir diesen Teilbereich nicht losgelöst sehen von der sensorischen Erziehung, zum Beispiel beim Beschäftigen mit Bausteinen, Knete, Sand und diversen Gegenständen, damit das Kind eine gewisse manuelle Geschicklichkeit erreichen kann.

2.3 Die Entwicklung der bildnerischen Fähigkeiten im 2. und 3. Lebensjahr

Irgendwann zwischen dem zweiten und dritten Lebensjahr macht das Kind die grandiose Entdeckung, dass ein Stift (zum Beispiel Mamas Kugelschreiber) Spuren hinterlässt. Diese anfangs mehr zufällige Stiftführung wird nun gezielt eingesetzt.

Es beginnt die Kritzelstufe.

Das Kind erprobt seine neu gewonnene Erfahrung. Es kritzelt das Blatt voll (auch mal Tisch und Tapete) und erfreut sich am Ergebnis wie am Tun. Manchmal kritzelt es aus dem ganzen Arm heraus, so dass schwungvolle Gebilde erscheinen (Schwungkritzel, Knäuelkritzel). Dann schlägt es wieder mit voller Wucht auf das Papier: Punkte und Löcher entstehen (Hiebkritzel).

Mit fleißigem Üben werden die Aktionen gezielter. Das Kind bemüht sich, in einer Bewegungsform zu bleiben (Kreiskritzel). Es schreibt „Briefe“, indem es Erwachsene nachahmt und Zickzacklinien und so weiter kritzelt (Zickzackkritzel).

Die höchste Stufe dieser Kritzelphase ist das sinnunterlegte Kritzeln, das heißt: Das Ergebnis ist interessant geworden. Es bedeutet plötzlich etwas, obgleich das Kind vorher nicht wusste, was es wird. Oft staunen wir Erwachsenen, welche Phantasie Kinder an den Tag legen, wenn sie zum Beispiel einen Kreis malen und als „Mama“ bezeichnen oder einen Kritzel als „Lampe“.

Die Benennung erfolgt nachträglich, also eher zufällig, es sei denn, wir malen ganz gezielt mit dem Kind, indem wir ein Thema vorschlagen.

Schon im Kleinkindalter von etwa 15 Monaten können Malversuche gestartet werden. Dabei geht es vor allem darum, dem Kind die Möglichkeit zu geben, erste Erfahrungen zu sammeln:

- „Nanu, da ist ja plötzlich was.“
- „Das war ja ich.“
- „Aha, so geht das also.“

2.4 Farben im Leben des Kindes

Ganz kleine Kinder unterscheiden anfangs nur zwischen Hell und Dunkel. Rot ist die erste Farbe, die ein Kind bewusst wahrnimmt. Später folgen oft orange, grün und braun. Auffälligerweise spielen zunächst die warmen, dann erst die kalten Farben eine Rolle. In der Kritzelstufe benutzt das Kind die erstbeste Farbe. Wir unterscheiden bei den Kindern zwei Möglichkeiten, mit Farben zu malen:

- das Kind geht vom Farbklecks aus
- oder es zeichnet mit dem Pinsel wie mit einem Stift.

Farben haben für das Kind eine spezielle Bedeutung. Manchmal genügt allein die Farbe, um etwas darzustellen. Die Wahl der Farbe ist in diesem Fall wichtiger als die Form. Unbewusst richten sich die kleinen Künstler oft nach Farbgesetzen. Sie verwenden beispielsweise grün als größte Steigerung zu rot. Andererseits sind ihre Farberfahrungen noch so gering, dass es vielen Kindern nicht einleuchten will, dass man rote Kritzel auf rotem Grund nicht sehen kann.

2.5 Situationen nutzen

Alle Gestaltungsvorschläge können lediglich kleine Denkanstöße sein. Die Angebote sollen inspirieren, auch zu ganz neuen Ideen. Eine Anregung kann für ein Kind nur dann sinnvoll sein, wenn sie in die spezielle Situation des Kindes hineinpasst. Jedes Kind verfügt über einen ganz individuellen Erfahrungsschatz und über ein noch individuelleres Gefühlsleben. Was dem einen Kind bedeutsam ist, interessiert das andere vielleicht gar nicht.

Wir müssen zunächst beobachten und berücksichtigen, was das Kind kennt, liebt und was es interessiert. Erst dann sind wir in der Lage, jeweilige Situationen zu beachten und optimal zu nutzen.

Beispiel:

Es ist Herbst. Das Kleinkind erlebt beim täglichen Spaziergang, wie der Wind die Blätter von den Bäumen fegt. Es marschiert durch raschelnde Laubhaufen und erfreut sich am bunten Blättertreiben. Außerdem interessiert es sich für Bäume, seit es sah, wie Nachbars Katze ganz lässig den Birnbaum erkletterte. Aus dieser Situation heraus können wir eine ganze Reihe von kreativen Tätigkeiten anbieten.

Hier ein Vorschlag

2.6 Ein Fensterbild aus gepressten Blättern

- Die Mutter sammelt mit dem Kind interessant gefärbte Blätter.
- Das Kind beobachtet, wie die Mutter die Blätter zum Pressen in dicke Bücher legt, deren Seiten sie teilweise durch Zeitungspapier schützt.
- Sie schneidet im Beisein des Kindes aus Pappe einen Baum heraus und befestigt ihn mit durchsichtigem Klebestreifen an der Fensterscheibe.
- Ein gepresstes Blatt wird an den Baum geklebt.
- Das Kind darf ihr nun weitere Blätter reichen oder selbst einen Platz für ein Laubblatt aussuchen und beim Anbringen helfen.
- Es erlebt, dass mit Hilfe der gesammelten Blätter ein schönes Fensterbild entstanden ist.

● Ältere Geschwister haben sicher Spaß daran, durch ausgeschnittene Herbstmotive, wie zum Beispiel Igel, Drachen, Vögel und so weiter das Bild zu bereichern.

2.7 Anregungen für die Sinne des Kleinkindes als Vorbereitung für bildnerisches Gestalten

2.7.1 Spielen im Sand – die erste Form von kreativem Gestalten

Eine häufig genutzte und optimale Möglichkeit, schon ein kleines Kind an schöpferische Tätigkeiten heranzuführen, ist das Spielen im Sandkasten. Während des Malens und Zeichnens entdeckt das Kind, dass Stifte und Pinsel Spuren hinterlassen. Beim Sandspiel kann es Ähnliches erleben: Die kleinen Fingerchen verändern den Sand. Sie modellieren, kneten, formen, sieben ihn und drücken kleine und große Löcher hinein, zeichnen Linien, streichen Sandburgen liebevoll glatt, schaffen Straßen, Tunnel ...

Die Kinder erleben also, dass durch ihre Tätigkeit der Sand neue Formen annimmt. Ähnlich wie bei der Bildgestaltung ist das „Sandformen" eine Gestaltungsform mit Zeitablauf. Nicht nur das Ergebnis zählt, sondern die Tätigkeit an sich.

Indem das Kind lernt, mit Hilfe eines Stöckchens Löcher in den Sand zu bohren oder Sandkuchen zu verzieren, übt es schon eine Fingerhaltung, die später für das Zeichnen und Malen von Bedeutung ist. Eltern und Erzieher sollten die schöpferischen Potenzen, die das Sandspiel bietet, nicht unterschätzen. Gerade Kleinkinder sind noch sehr auf ihre Unterstützung angewiesen. Die Kleinen müssen „eingeführt" werden und sind für ein Mitspiel dankbar, aus dem sich der Erwachsene ja später wieder zurückziehen kann.

Wie fördern wir ein gutes Sandspiel?

- Die Größe des Sandkastens spielt bei kleinen Kindern keine Rolle.
- Entscheidend ist die Qualität des Sandes. Er darf nicht zu trocken oder gar staubig sein, anderenfalls ist er zum Formen und Modellieren nicht zu gebrauchen.

- Zusätzlich zum herkömmlichen Sandspielzeug (Schaufel, Förmchen, Eimer, Sieb ...) empfiehlt es sich, dem Kind gesammeltes Naturmaterial anzubieten (Stöckchen, Blüten und Blätter zum Verzieren, gegabelte Stöcke für Schranken und Zäune, Muscheln, Steine ...).

2.7.2 Spielen und Lernen mit Hilfe von Bausteinen

Die ersten Bauversuche sind allen Eltern bekannt. Die Großen bauen Türme und die Kleinen stoßen sie mit nicht erlahmender Begeisterung um. Später werden die Teile mit wissenschaftlicher Genauigkeit vorsichtig auseinander genommen oder abgebaut. Irgendwann erleben Eltern und Kinder dann das ganz große Erfolgserlebnis: Das Kind betätigt sich konstruktiv; es versucht selbst, die Steine aufeinander zu stellen.

Die nachfolgenden Vorschläge können vielleicht dazu beitragen, das Bauspiel weiterhin interessant zu gestalten und immer wieder neu zu beleben:

- aneinander gereihte Ziegel als Eisenbahn oder Straße
- Autos aus einem Ziegel und einem darauf liegenden Würfel oder halben Ziegel

- Tor aus drei Ziegeln, Treppe, Zäune (zum Beispiel als Tiergehege)
- Puppentisch, Puppenstuhl, Puppensofa, Puppenbett / Doppelbett

Der Erwachsene demonstriert die jeweilige Technik. Interessant wird das Spiel durch das Verwenden von Zusatzmaterial, wie zum Beispiel Autos, Tiere und Puppen. Was dem Kind gefällt, wird man durch Beobachten rasch herausfinden. Zu diesem Zeitpunkt möchte es vielleicht schon selbst mitbauen, oder aber es beobachtet die Szenerie, um irgendwann einmal die Anregungen umzusetzen und durch eigene Ideen zu bereichern.

2.7.3 Kneten, Manschen, Matschen ...

Modellieren, Reißen, Reiben, Knüllen, Rollen, Walzen, Klumpen, Krümeln, Eindrücken, Klopfen, Biegen ...

Das und vieles mehr können Kinder erleben und erfahren im Umgang mit formbaren Materialien, wie zum Beispiel Salzteig, Knete, Ton und Alufolie.

Die ersten Versuche werden sich darauf beschränken, das Material zu erproben, also zu erkunden, was man alles damit machen kann. Später gelingt es dem Kind vielleicht schon, einfache Gebilde zustande zu bringen und einen inhaltlichen Zusammenhang mit einem Erlebnis zu erkennen.

Ein Beispiel für das Vorgehen beim ersten Knetversuch:

Die Mutter hat zwei Knetkugeln geformt. Sie erklärt, dass dies Knete ist und dass man Knete nicht essen kann. Sie überlässt die eine Knetkugel ihrem Kind und demonstriert mit der anderen, was man alles daraus formen kann, zum Beispiel:

„Sieh mal, Mama knetet jetzt einen Feuerwehrschlauch und nun einen Ball ...“

Dabei stützt sie sich auf den Erfahrungsschatz ihres Kindes und knetet für das Kind bedeutsame Dinge, zum Beispiel eine Schnecke (weitere Vorschläge und Anleitungen finden Sie auf den nachfolgenden Seiten).

Nach einigen Beispielen hat das Kind zumindest begriffen, dass man Knete eigentlich nicht essen, wohl aber verändern kann.

Es wird nun ermuntert, selbst das Material zu erproben, indem es vielleicht den Finger hineinbohrt oder die Masse platt drückt... Nun kommt das Stäbchen zum Einsatz. Das Kind kann damit weitere Materialinformationen sammeln. Zum Abschluss führt die Mutter eventuell die Hand ihres Kindes und formt mit ihm zusammen zum Beispiel einen Ball. Diese Bewegung kann rhythmisch mit einem Reim begleitet werden: „Rundherum, rundherum, ei, das ist ja gar nicht dumm.“

Weitere Vorschläge zum Modellieren:

Walzenform: „Eine lange Wurst“

- Auf einer Arbeitsplatte (Unterlage) wird ein Stück Knete bereitgestellt.
- Die ausgestreckte Hand des Kindes legen wir sanft darüber und helfen dem Kind, mit dem Handballen hin- und herrollende Bewegungen auszuführen (vom Körper weg und zurück).
- Dabei muss etwas Kraft angewendet, also Druck ausgeübt werden.
  Ein passender Reim als verbale Begleitung wäre beispielsweise:
  „Hin und her, hin und her, ei, das ist ja gar nicht schwer.“

weitere Möglichkeiten:

- „Eine lange Mohrrübe für's Häschen“
- „Gurke“
- „Feuerwehrschlauch“
- „Banane“ (Walze biegen)
  „Brot“ (Kugel platt drücken und schräg einritzen)

runde Form: „Ein schöner runder Ball“

- Mit dem Handballen werden kreisende Bewegungen ausgeführt.
- Zur rhythmischen Untermalung mögen kleine Kinder folgenden Reim:
  „Rundherum, rundherum, ei, das ist ja gar nicht dumm.“

weitere Möglichkeiten:
- „Ein roter Apfel“
- „Schneeball“
- „Blatt“ (Kugel platt drücken)
- „Brötchen“ (Kugel etwas spalten)
- „Kuchen und Torten“ (etwas platt drücken und verzieren)

ovale Form: „Ein Ei"
- Die Technik ist ähnlich wie beim Ball: Erst kreisen, dann aber walzen.
- Auch hier können die Kinder ihre Tätigkeit mit einem kleinen Reim begleiten:
  „Erst rundherum, dann hin und her – das macht Spaß und ist nicht schwer."

weitere Möglichkeiten:
- „Luftballons zum Geburtstag"
- „Birnen"
- „Igel"
- „Käfer" (zum Schluss platt drücken)

kombinierte Formen:
- „Schnecke" (Ball und Walze)
- „Miezekatze" (gebogene Walze und Ball)
- „Maus" (ovale Form und dünne Walze als Schwanz)

Was wir beim Modellieren beachten sollten

Voraussetzung für das Modellieren ist natürlich, wie auch bei der Bildgestaltung, dass das Kind eine emotionale Beziehung zum Gestaltungsvorschlag hat. Ein Kind, das Bälle liebt, wird auch gern einen Ball formen wollen. Wer dagegen noch nie eine Gurke gesehen und gekostet hat, sieht sicher keine Veranlassung, nun das Material durch Walzen in eine Gurke zu „verwandeln". Diese Aufgabe wäre abstrakt und völlig sinnlos.

Während des Formens ist es wichtig, die Tätigkeit des Kindes sprachlich zu begleiten und auf bestimmte Merkmale hinzuweisen, zum Beispiel:

„Der Ball ist rund. Wir kreisen rundherum. Rundherum. . ." (siehe Reim).

Zum Schluss sollte, wie bereits erwähnt, das Ergebnis verdeutlicht werden (zum Beispiel: „Ja, die Wurst ist lang und dünn, fühl mal.")

Es empfiehlt sich, dem Kind häufiges Wiederholen zu ermöglichen. Mit jedem Mal wird das Kleinkind geschickter. Außerdem ist das Kneten eine eher gemütliche, wenig Aufwand erfordernde Angelegenheit.

Nach einem Tasterlebnis, wie es das Modellieren ermöglicht, fällt es dem Kind leichter, ein bestimmtes Merkmal auch bildnerisch darzustellen („Eine lange Wurst“, „Ein runder Ball“).

Auch wenn es noch lange bei Klecks- und Kritzelversuchen bleiben wird, so beginnt doch das Kind allmählich zu verstehen, worauf es beim Malen oder Zeichnen ankommt, nämlich darauf, mindestens ein Gegenstandsmerkmal wiederzugeben, wie lang, rund oder rot ...

3. Drei- und Vierjährige zwischen Bammel und Höhenflug

3.1 Entwicklungsschritte und Besonderheiten der bildnerischen Fähigkeiten

Zunächst ist noch das sinnunterlegte Kritzeln von großer Bedeutung. Kreise und Kreuze dienen als Sinnbilder für fast alles, was das Kind bewegt (Rad, Sonne, Mensch, Baum ...).

Die ersten Menschendarstellungen sehen aus wie „Kopffüßler“, das heißt: Aus dem Kreis wachsen Arme und Beine heraus. Die Kinder bemühen sich etwa im fünften Lebensjahr um eine genauere Menschendarstellung, was sich oft als sehr schwierig herausstellt.

Die Form des Kreises findet weiterhin Verwendung (Kopf, Bauch ...). Kinder dieses Alters arbeiten häufig nach einem Schema. Alle Menschen werden nach bewährter Art und Weise dargestellt. Nun steht das Kind plötzlich vor dem Problem, dass man nicht unterscheiden kann, ob es sich um ein Mädchen oder einen Jungen, Frau oder Mann handelt. Also versucht es, die Menschen differenzierter zu gestalten. Mädchen bekommen zum Beispiel einen Zopf oder lange Haare und einen Rock, ein Mann vielleicht einen Hut und so weiter.

Interessant ist die Tatsache, dass Kinder immer in der Bedeutungsperspektive malen und zeichnen, das heißt: Alles Wichtige ist groß und besonders auffällig detailliert gestaltet. Trotzdem sollte man vorsichtig sein beim Beurteilen und Deuten von Kinderzeichnungen. Nur ein geübtes Auge kann Tendenzen erkennen.

Außerdem finden wir in den Arbeiten ein Ordnungsprinzip. Das Kind bemüht sich, Dinge, die voneinander abstehen, übersichtlich zu trennen, es verwendet rechte Winkel. So kommen die manchmal seltsam anmutenden Darstellungen von Bäumen und Tannenzweigen zustande. Eine weitere Besonderheit von Kinderzeichnungen ist die Tatsache, dass Tiere wie Menschen gezeichnet werden, nur eben waagerecht mit vielen Beinen.

Die nachträglichen und eher zufälligen Sinndeutungen weichen zunehmend dem bewussten Gestalten. Die Kinder erzählen in ihren Bildern regelrecht Geschichten:

„In diesem Haus wohnst du. Das ist deine Katze ...“.

Viel Phantasie beweisen die Kinder mit so genannten Röntgenbildern. So lassen sie auch das sichtbar werden, was eigentlich verdeckt ist, zum Beispiel:

„Mama hat ein Kind im Bauch.“

Neben den Röntgenbildern finden wir zuweilen auch „Drehbilder“ (das Blatt wird während des Zeichnens gedreht).

Während anfangs kunterbunte Streubilder entstehen – alles wird irgendwo hingezeichnet, oben wie unten – gewöhnt sich das Kind zunehmend daran, eine Standlinie ganz unten als „Erde“ zu benutzen und damit Standbilder zu fabrizieren. Später, wenn eine Linie für die vielen Sachen nicht mehr ausreicht, zeichnet das Kind oft auf neuen unsichtbaren Ebenen. Es gestaltet den Hintergrund.

Ganz allgemein lässt sich über Kinder in dieser Altersgruppe sagen, dass ihnen bildnerische Tätigkeiten vor allem ein motorisches Vergnügen bereitet. Manchmal streichen sie beispielsweise wahllos eine Farbe über eine andere. Nicht das Ergebnis ist in diesem Moment wichtig, sondern das Hantieren.

Natürlich erfahren gleichaltrige Kinder eine unterschiedliche Entwicklung. Altersangaben können von daher nur eine äußerst grobe Richtlinie sein.

3.2 Methodische Überlegungen

Kinder an bildnerisches Gestalten heranzuführen setzt voraus, möglichst viele Sinne anzusprechen. Einen Baum zum Beispiel braucht ein Kind nicht nur zu sehen, es kann ihn ebenso gut riechen, ihn umarmen und so weiter.

Schwieriger wird es, wenn sich das Kind für Dinge interessiert, die außerhalb seines praktischen Erlebnisbereiches zu finden sind, wie zum Beispiel ein Wolf oder ein Wal.

In diesem Fall können nur wir helfen. Wir sind das Bindeglied – der verbale Spürsinn sozusagen. Mit unserer geschickten lautmalerischen Wortwahl gelingt es uns, die Sinne der Kinder in ihrer Phantasie zu aktivieren.

Nun noch ein Wort zu den ängstlichen und zaghaften Kindern, denjenigen nämlich, die uns mit schmachtenden Blicken anstarren und weinerlich ein: „Das kann ich nicht!“ herausbringen. Oft genügen von unserer Seite schon ein Zuzwinkern und beruhigende Worte, wie: „Ich glaube aber, dass du das kannst, und wenn es noch nicht so gut geht wie beim ... (zum Beispiel Bauen), helfe ich dir gern ein bisschen.“

Diese potentielle Hilfestellung, die dann oft gar nicht in Anspruch genommen wird, gibt dem Kind Sicherheit. Es weiß, dass, wenn alles schief gehen sollte, da noch der große Freund ist. Aber vielleicht schafft es das Kind ja auch allein. Günstig ist es, so ganz nebenbei auf andere Erfolgserlebnisse hinzuweisen, um das Selbstvertrauen des Kindes positiv zu begünstigen. Das setzt natürlich voraus, Stärken des Kindes zu erkennen und zu fördern durch gezielte Angebote auf diesem Gebiet.

Es versteht sich von selbst, dass wir die Freude am Bildgestalten nicht durch kritische Bemerkungen im Keim ersticken.

4. Das fünfjährige Kind

4.1 Entwicklungstendenzen

Kinder im sechsten Lebensjahr stellen den Menschen und dessen Umgebung bereits detaillierter dar. Sie wagen sich auch schon mal an Profilansichten heran.

Standlinien werden weiterhin benutzt – sie gewinnen sogar an Bedeutung. Fünfjährige ordnen genau in „oben" und „unten". In diesem Alter beginnen die Kinder auch verstärkt, ihre Figuren liebevoll zu schmücken. Aber gerade jetzt weisen die Kinder auch große Entwicklungsdifferenzen auf.

Während einige, zum Teil bedingt durch anderweitige Interessen, kaum über das Kopffüßlerstadium hinausgekommen sind, zeichnen und malen andere Kinder konzentriert und hingebungsvoll, mit Ergebnissen, die sich kaum von denen der Schulanfänger unterscheiden. Doch auch bei den Spätzündern reißt einmal der Knoten. Oft holen sie mit Siebenmeilenschritten auf, wenn sie das Malfieber gepackt hat. Dann sind sie kaum zu bremsen – vorausgesetzt, sie erleben ein ehrliches Interesse an ihrem Tun.

4.2 Auch wilde Jungen lieben Kunst

Wer sich die Zeit nimmt, ihre Arbeiten intensiv zu betrachten und ihre phantasievollen Begleiterzählungen anzuhören, wird feststellen, dass sich die „Jungenbilder" deutlich von den Arbeiten der meisten Mädchen unterscheiden. Letztere legen oft mehr Wert auf ästhetisch ansprechende Malereien und Zeichnungen – freundliche Farben, geschmückte Menschen. Die Mädchen neigen auch eher dazu, stereotype Inhalte zu gestalten, also zu wiederholen, was sich bewährt hatte. Die Jungen dagegen zeichnen häufig mit einem Bleistift. Sie verzichten auf Farben und konzentrieren sich stattdessen auf Aussagekraft. Oft benutzen sie ganz einfache Bildzeichen – Strichmänner, die

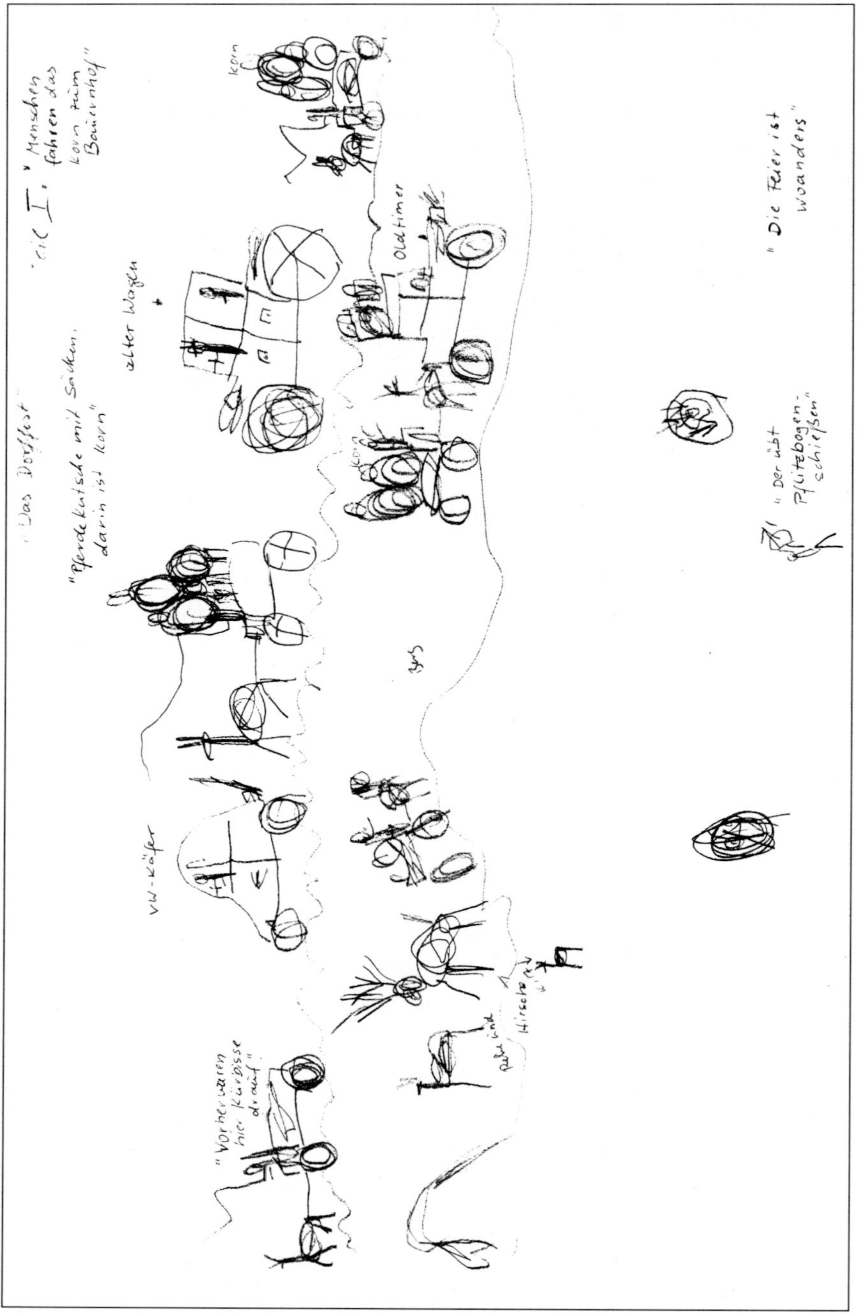
"Das Dorffest"
"Pferdekutsche mit Säcken, darin ist Korn"
alter Wagen
Oldtimer
Korn
Korn
"Menschen fahren das Korn zum Bauernhof"
"Die Feier ist woanders"
"Der übt Plitzbogen-schießen"
VW-Käfer
"Vorher waren hier Kürbisse drauf"
Rehe und Hirsche

alles Mögliche anstellen: Sie fallen vom Baugerüst herunter, springen aufeinander los, um zu kämpfen...

Die Jungen erzählen mit ihren Bildern manchmal stundenlang Geschichten. Sie wagen sich viel eher an schwierige Darstellungsweisen heran.

Das geschlechtsspezifische Rollenverhalten wird also interessanterweise schon in der Bildgestaltung sichtbar.

Dieser Prozess des allmählichen Anfreundens mit der bildnerischen Kunst zieht sich gerade bei einigen Jungen bis kurz vor den Schuleintritt hin.

5. Bald bist du ein Schulkind

5.1 Potenzen für die Entwicklung der kindlichen Persönlichkeit

Viele Eltern, die bisher ihrem Kind vorwiegend mit Geduld, Lob und Zuspruch begegneten, fühlen sich kurz vor dessen Schuleintritt etwas unsicher. Sie befürchten, dass die Schule hohe Anforderungen an ihr Kind stellen wird, und daher erwarten sie von ihm plötzlich Verhaltensweisen, die sie als Schulvorbereitung für erforderlich halten, wie zum Beispiel Ordnung und Sauberkeit im Umgang mit Materialien.

So notwendig diese Ansprüche auch sein mögen, wir sollten uns davor hüten, den Kindern die Freude am kreativen Gestalten durch einseitige Forderungen wie: „Mal sauber!“ zu vermiesen. Wie schade wäre es, einmal gewecktes Interesse im Keim zu ersticken.

Unterschätzen wir auch nicht die Möglichkeiten zur Herausbildung und Entwicklung wichtiger Persönlichkeitsmerkmale durch kreative Tätigkeiten, wie zum Beispiel:

- Ausdauer
- Sensibilität (Schulung der Sinne)
- Intelligenz
- Phantasie
- differenzierte Wahrnehmungsfähigkeit – Voraussetzung für das Erlernen von Lesen und Schreiben
- Flexibilität (erforderlich, wenn man dem Leistungsdruck in der Schule und später in dieser Gesellschaft gewachsen sein will)
- Selbständigkeit, zum Beispiel im Umgang mit Materialien
- Originalität
- Stolz und Selbstvertrauen.

Es wäre also schade, diese Potenzen zur Entfaltung der kindlichen Persönlichkeit zu verschenken, indem Malen, Zeichnen und so weiter als Firlefanz abgetan werden.

Folgende Fehler, die sich ab und an vielleicht einschleichen, sollten wir daher vermeiden:

5.2 Vermeidbare Fehler

5.2.1 Direkter Zwang

Zwänge töten jede Lust und Freude. Wenn ein Kind, aus welchem Grund auch immer, keine Lust zum Malen, Zeichnen und so weiter hat, sollten wir den Ursachen auf den Grund gehen. Zur Analyse können folgende Fragen dienen:

- Handelt es sich nur um ein augenblickliches oder um ein ständiges Desinteresse?
- Hat das Kind negative Erfahrungen machen müssen, zum Beispiel durch taktlose Bemerkungen, sehr kritische Wertungen oder durch Gleichgültigkeit?
- Ist das Kind auch in anderen Bereichen zaghaft und unsicher?
- Welche Einstellungen hat das Kind zu den Arbeiten anderer Kinder – zeigt es Interesse daran?

Welche Ursachen auch vorliegen mögen: Geduld ist erforderlich.

Einen ganz unauffälligen „Zwang“ in bestimmten Situationen ließe ich allerdings gelten, wenn nämlich ansonsten eine künstlerisch-harmonische Atmosphäre auf freiwilliger Basis herrscht, zu manchen Zeiten jedoch beispielsweise alle Kinder im Kindergarten gefordert werden, weil Einladungen für die Eltern gestaltet werden müssen oder Ähnliches. In diesem Fall rate ich, auf großartige Erklärungen und Fragen zu verzichten, da das erst einmal ausgesprochene „Nein!“ des Kindes schwer zu ignorieren ist.

Ausnahmsweise würde ich versuchen, das Kind ein bisschen „auszutricksen" durch Fragen wie:

„Möchtest du deine Einladung jetzt gleich gestalten oder heute Nachmittag?"

Wenn das Kind sich nun der Notwendigkeit beugt, sollte man unbedingt die Gelegenheit nutzen und das Selbstvertrauen des kleinen Künstlers stärken durch besonders viel Lob.

Was aber ist zu tun, wenn das Kind auf diesen Trick nicht hereinfällt? Weigert sich das Kind hartnäckig, bleibt uns nur eine Möglichkeit: nämlich ihm auf anderem Weg Erfolgserlebnisse zu verschaffen. Vielleicht zeigt es Interesse am Bauen, Modellieren oder Basteln? Hat es erst einmal für irgendeinen Bereich Feuer gefangen, überträgt sich dieser Eifer im günstigen Fall auch auf das Bildgestalten.

Manchmal wird allerdings versucht, ein Kind durch Erpressungen und Sanktionen zu zwingen, zum Beispiel:

„Du spielst erst draußen, wenn dein Bild fertig ist."

Insgesamt lässt sich jedoch zum Thema Zwang sagen: Die kindliche Kreativität kann sich nur durch lustbetontes Arbeiten auf freiwilliger Basis entfalten.

5.2.2 Vorschreiben des Motivs, der Technik ...

Erlaubt sind nur Vorschläge, also Angebote. Neue Techniken können und sollen vorgeführt werden, so dass sich den Kindern die Vielfalt der künstlerischen Möglichkeiten erschließt. In ihren Arbeiten entscheiden die Kinder jedoch selbst, inwieweit sie auf die Angebote zurückgreifen.

5.2.3 Ablenken vom Wesentlichen durch ständiges Verlangen nach Sauberkeit

Erwachsene sind oft geneigt, eine Kinderarbeit mit „schön" auszuzeichnen und meinen doch damit eigentlich:

„Wie schön sauber du schon malen kannst.“

Ihnen ist das ästhetisch ansprechende Bild wichtiger als originelle, aber vielleicht schmierige oder fleckige Ergebnisse. Seltener fällt diesen Erwachsenen auf, dass es sich bei den „schönen“ Bildern oft um eine ganze Reihe genau gleich aussehender Stereotype handelt. Kinder, die viel Lob für saubere, schöne Bilder ernten, sehen nämlich manchmal keine Veranlassung, etwas Neues auszuprobieren.

Beim Experimentieren kommt es des Öfteren zu Spritzern, Klecksen oder Schmierereien. Wesentlich ist doch aber, dass die Kinder ihre Phantasie walten lassen und eine Menge Ideen haben. Daher halte ich es nicht für ratsam, laufend Forderungen nach Sauberkeit zu stellen.

Besser sind Wertungen oder Zwischenwertungen, die sich auf den Ideenreichtum beziehen:

„Mir gefällt besonders, dass du nicht abgemalt, sondern dir so viele interessante Sachen ausgedacht hast.“

5.2.4 Aufzwängen des eigenen Geschmacks

Eigentlich konfrontieren wir die Kinder ständig mit unserem Geschmack. Allein, wie wir uns kleiden, was wir bewundern oder ablehnen, färbt in gewisser Weise auf die Kinder ab. Das können und wollen wir vielleicht auch nicht ganz verhindern. Das mindeste, was wir tun müssen, ist aber, den sich gerade entwickelnden Geschmack des Kindes gelten zu lassen, der sich auch deutlich in ihren bildnerischen Arbeiten präsentiert. Es soll nicht unsere Aufgabe sein, diesen Geschmack zu ändern, sondern ihn herauszubilden.

Das Kind muss von uns darin bestärkt werden, dass es einen ganz persönlichen Stil und Geschmack hat, denn es ist schließlich auch ein ganz besonderer Mensch. Es darf Stolz entwikkeln auf seine Individualität. Dazu benötigt es unseren Zuspruch, zum Beispiel:

„Bastian, ich finde es toll, dass ich immer gleich erkenne, welche Bilder du gemalt hast; das sind typische Bastian-Bilder.“

Solche Wertungen spornen auch die übrigen Kinder an, ihren individuellen Stil zu finden, ihn zu akzeptieren und stolz darauf zu sein. Allmählich werden die taktlosen Bemerkungen seltener, wie zum Beispiel:

„Mein Bild ist viel schöner als Annas, die kann ja noch gar nicht malen.“

Die Kinder werden untereinander feinfühliger und toleranter.

5.2.5 Entmutigen durch falsche Wertungen, wenn man zum Beispiel:

- das Kind bloßstellt: „Was soll denn das sein? Sieht so etwa ein Haus aus?“,
- zwei Kinderarbeiten miteinander vergleicht und einer den Vorzug gibt oder
- bei der Wertung von seinen eigenen Vorstellungen ausgeht: „Ich hatte dir doch gezeigt, wie man einen Baum malt.“

Vorschlag: Warum nicht mal den Kindern etwas merkwürdig anmutende Kunstwerke Erwachsener vorstellen, oder mit ihnen gleich in eine Ausstellung moderner Werke gehen? Es ist sicher ein Erlebnis für die Kinder, zu sehen, dass gewisse, in ihren Augen als „Krakelbilder“ geltende, Exponate als ernstzunehmende Kunstwerke behandelt werden. Gewiss liegen ihnen danach kränkende Bemerkungen nicht mehr so locker auf der Zunge.

Übrigens ist das Werten an sich umstritten. Es gibt Malatelierleiter, die Wertungen strikt ablehnen – Kindern wie Erwachsenen gegenüber. Der Künstler soll sich nicht von anderer Leute Wertung abhängig machen.

Das Werten ist zweifelsohne ein schwieriges Kapitel. Es erfordert viel Fingerspitzengefühl. Aber ganz darauf zu verzichten, halte ich persönlich nicht für ratsam. Es gibt auch viele Erwachsene, die eine Wertung brauchen, und sei es „nur“ in Form von einem aufmunternden Kopfnicken oder Zulächeln. Die meisten von uns wollen einfach wissen, wie die Arbeiten angenommen werden. Wir sind für Hinweise dankbar, auch wenn wir sie nicht befolgen, so bringen sie uns doch weiter. Wir setzen uns mit unserem Schaffen auseinander.

Warum sollte es Kindern anders gehen? Wir müssen ihnen nur klarmachen, dass die Ratschläge u n s e r e Ideen sind und nicht unbedingt richtig sein müssen, ja, dass es bei der Kunst kein richtig und falsch gibt. Unsere Hinweise haben nur eine Berechtigung: das Kind zum Nachdenken anzuregen.

Es ist also unsere Aufgabe, dem Kind das nötige Selbstbewusstsein zu vermitteln, um positiv und konstruktiv mit unseren Hinweisen und später auch allgemein mit Kritik umgehen zu können. Das aber ist ein langer Weg, der viel Geduld erfordert.

5.2.6 Falsche Fragen

Oft rutschen sie uns raus, gut gemeinte Fragen, die jedoch ein Kind entmutigen können, da es sich unverstanden fühlt:

- „Was ist das?“
- „Ist das ein... ?“

Das Kind hat sich solche Mühe gegeben, aber der Erwachsene, der doch sonst alles weiß, erkennt nicht, um was es sich handelt. Besser ist es daher, der Sache einfühlsam auf den Grund zu gehen und durch geschickte Fragestellung dem Kind die Chance zu lassen, über sein Bild zu sprechen, zum Beispiel:

„Du hast ja schon eine Menge gemalt. Womit hast du denn angefangen?“

6. Schulkinder

6.1 Entwicklungstendenzen

Mit dem Eintritt in die Schule gewinnen andere Bereiche an Bedeutung. Kinder die – gefördert vom Elternhaus – sich weiterhin kreativ, zum Beispiel bildnerisch beschäftigen, haben anderen Kindern gegenüber einige Vorteile. Unter anderem

- kennen sie interessante Alternativen zum Fernsehen.
- Sie sind besser in der Lage, sich auch mal allein zu beschäftigen, ohne sich dabei zu langweilen.
- Sie beobachten ihre Umwelt genauer und
- ihre entfaltete Phantasie kommt auch in anderen Bereichen zum Einsatz.

Die Bilder von Schulkindern werden differenzierter. So zeigen die Menschendarstellungen von vielen 8- bis 9-jährigen Kindern ausgereifte Augen-, Nasen- und Mundformen, proportionierte Arme und Beine, ein erkennbares Geschlecht und eine korrekte Armhaltung.

Gebäude werden zunehmend perspektivisch in einem detailreichen Kontext dargestellt.

Alle vorgestellten Techniken sind auch für Schulkinder geeignet, nur werden sich natürlich ihre Arbeiten im Niveau und Einfallsreichtum von denen jüngerer Kinder unterscheiden. Schulkinder benötigen weniger Anleitung und Hilfe, aber ebensoviel Anerkennung.

6.2 Kinderzeichnungen für projektive Tests

Bildnerische Arbeiten von Kindern kann man als Fenster zur Seele verstehen. Kinderpsychologen, Therapeuten und Erziehungsberater nutzen daher oft die Möglichkeit, Kinderzeichnungen für projektive Tests heranzuziehen. Ausgangsbasis ist die Annahme, dass vor allem wenig zugängliche Kinder über ihre bildnerischen Arbeiten Aufschluss über ihr Innenleben geben. Mit Hilfe ihrer Zeichnungen erzählen sie, zum Teil unbewusst, über Ihre Wünsche, Ängste, Erlebnisse und so weiter.

Das Zeichnen und Malen ist für sie ein Ausdrucksmittel – eine nonverbale Sprache.

Beim Baumtest wird beispielsweise davon ausgegangen, dass der Baum das Kind darstellt, welches ihn malt.

Sehr häufig werden Tests verwendet, in denen Kinder gebeten werden, ihre Familie zu zeichnen, zum Beispiel als Tiere, als verzauberte Familie oder als Sonnenfamilie. Tiefenpsychologische Überlegungen spielen bei der Interpretation ebenso eine Rolle wie entwicklungspsychologische Gesichtspunkte; daher kann dieses interessante Thema im Rahmen des vorliegenden Buches nur am Rande erwähnt werden.

Es empfiehlt sich in jedem Fall eine intensivere Beschäftigung.

7. Organisatorische Vorschläge

- Stellen Sie kleine Schachteln oder Ähnliches mit Bunt- oder Wachsmalstiften so bereit, dass auch ein kleines Kind jederzeit herankommen kann.
- Kleinkinder versuchen, alles mit dem Mund zu erproben. Die Stifte sollten daher ungiftig sein. Dasselbe gilt für die erste Malfarbe.
- Buntstifte eignen sich besonders in breiterer Ausführung zum besseren Anfassen.
- Ein Päckchen Kopierpapier ist auf längere Sicht billiger als Zeichenblätter.
- Aus alten Pappkartons können Pappteile zum Unterlegen oder zum Bemalen ausgeschnitten und für die Kinder gut erreichbar deponiert werden (Papier verleitet, zumindest Kleinkinder, so herrlich zum Zerknüllen).
- Bemalte Blätter erhalten eine besonders ansprechende Note, wenn sie auf einen farbigen Untergrund geklebt werden; das kann zum Beispiel Geschenkpapier sein. Schon ein überstehender Rand von wenigen Millimetern des bunten Papiers ist ausreichend.
- Um den Kindern Erfolgserlebnisse zu verschaffen, ist es manchmal ratsam, eingefärbte Blätter anzubieten (zum Beispiel mit einem Schwämmchen Farbwasser auftragen). Empfehlenswert sind Pastellfarben. Wir können die Kinder bei der Wahl der Untergrundfarbe beziehungsweise der Farbe des Blattes behutsam beraten. Egal, für welche Farbe sie sich entscheiden, ein eindrucksvolles Ergebnis ist fast garantiert.
- Suchen Sie geeignete Plätze für die kleinen Kunstwerke, zum Beispiel eine durchs Zimmer gespannte Schnur, an der die Arbeiten mit Wäscheklammern befestigt werden.
- Schenken Sie den Arbeiten Ihres Kindes höchste Beachtung und Anerkennung beispielsweise in Form einer kleinen Bil-

dergalerie. Befestigt man die Bilder mit Stecknadeln, zum Beispiel auf einem großen Stück Pappe, können sie immer wieder ausgetauscht werden. Auch Korkplatten sind geeignet. Natürlich muss die Galerie zwar in Sichtweite, aber aus Sicherheitsgründen außer Reichweite der Kinder angebracht werden, sofern es sich um jüngere Kinder handelt.

– Zum Thema Fingermalfarben: Ein elementares Erlebnis kann es für die Kinder sein, direkt mit einem oder mehreren Fingern die Farbe auf das Blatt zu streichen. Es handelt sich dabei um eine ganz andere Art, ein Bild zu gestalten und spricht sehr das Gefühl an. Der kleine Künstler ist direkt mit seinem Werk verbunden und malt ohne irgendwelche Hilfsmittel.

Aber nicht jedes Kind kann dem Fingermalen etwas abgewinnen. Manchen ist diese Angelegenheit zu matschig oder zu albern. Sie meinen, das wäre etwas für die Kleinen und das müssen wir schließlich akzeptieren.

Ältere Kinder können zum Fingermalen ruhig gewöhnliche Malfarbe verwenden, da sie die Farbe wohl nicht mehr kosten werden.

– Sammeln für das Schatzkästchen

Spätestens jetzt bietet es sich an, mit den Kindern aus der Gruppe oder den eigenen Kindern zu Hause ein Schatzkästchen vorzubereiten. Irgendein kleinerer Karton kann nach Bedarf beklebt oder bemalt werden. Richtig interessant wird aber erst der Inhalt: bunte, glitzernde Knöpfe, Wollreste, Kordeln, Holzperlen, kleinere Lederreste, Spitze... alles, was sich so angesammelt hat im Laufe der Zeit. Haben sich die Kinder dann einmal aus dem Kästchen bedienen dürfen und etwas zum Basteln oder Bildgestalten verwendet, sind sie sicher selbst begeisterte Sammler.

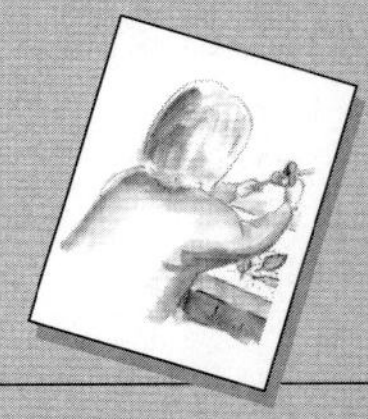

Anregungen zum bildnerischen Gestalten mit Kindern

1. Rubbelbilder mit Strukturtapete

Material:

- Zeichenblätter
- Wachsmalstifte
- ein Stück von einer Strukturtapete oder Rauhfasertapete
- Schere
- Klebstoff
- Bleistift

Technik:

- Mit dem Bleistift malen die Kinder ein Motiv auf die Tapete und kleben das ausgeschnittene Bild auf ein Zeichenblatt.
- Das andere Zeichenblatt wird darüber gelegt.
- Nun rubbeln die Kinder mit einem Wachsstift über das obere Zeichenblatt, bis sich die Struktur des Tapetenbildes deutlich abzeichnet.

Besonderheiten:

● Mit dieser Technik kann man bereits jüngere Kinder vertraut machen, wobei man ihnen beim Festhalten des Zeichenblattes helfen muss, damit es nicht verrutscht.

2. Das abgerubbelte Laubblatt

Vorbereitung:

Laubblätter können auf einem Spaziergang gesammelt werden. Besonders geeignet sind Ahornblätter.

Material:

- Laubblatt
- Zeichenblatt
- Wachsmalstifte

Technik:

- Das Laubblatt wird in die Mitte des zusammengefalteten Zeichenblattes hineingelegt.
- Mit einem Wachsstift rubbeln die Kinder über die Außenseite des Zeichenblattes, bis die Struktur des Laubblattes sichtbar wird.

Besonderheiten:

- Mit Hilfe dieser Technik können die Kinder zum Beispiel Glückwunsch- oder Einladungskarten herstellen.
- Auch Tortendeckchen, Baumrinde, Münzen und so weiter sind geeignet, um für Rubbelbilder verwendet zu werden.

● Schon dreijährige Kinder können diese Technik ausprobieren, wobei man ihnen beim Festhalten des Zeichenblattes behilflich sein sollte.

3. Teilvorgefertigte Bilder (Igel und Mobile)

Kleinkinder erfreuen sich an den Spuren, die sie beim Malen und Kritzeln hinterlassen. Aber ebenso begeistert sind sie, wenn sie an der Herstellung eines „richtigen“ Bildes oder Mobiles teilhaben dürfen und dieses ihnen danach zum Betrachten und Spielen zur Verfügung steht.

Igel

Material:

- Igelschablone (siehe Kopiervorlage)
- Bleistift
- Schere
- Pappe oder Tonkarton
- Malfarbe
- Pinsel
- Becher mit Wasser
- Unterlage

Technik:

- Mit Hilfe der Igelschablone werden die Umrisse des Igels auf die Pappe übertragen und ausgeschnitten.
- Das Kleinkind nimmt den Pinsel und malt die Stacheln.

Mobile

Material:

- dickeres Papier oder Tonpapier
- Schere
- Bleistift
- Malfarbe
- Pinsel
- Becher mit Wasser
- etwas Nähgarn

Technik:

- Auf das Papier werden kleine Vögel, Pilze (oder was sonst gerade für das Kind interessant ist) aufgezeichnet und ausgeschnitten.
- Das Kind trägt nach Belieben Farbe auf, zum Beispiel hellbraun für die Pilzstiele.
- Nach dem Trocknen werden die Figuren auf Garnfäden gezogen, untereinander zusammengebunden und irgendwo angehängt, so dass das Kind die Figuren durch Pusten zum Bewegen bringen kann oder man überlässt dem Kind gleich sein Kunstwerk zum Spielen.

Kopiervorlage

4. Blätterdruck

Material:

- weiße oder pastellfarbene Zeichenblätter
- gepresste Herbstblätter
- Malfarben (zum Beispiel Tuschkasten)
- Pinsel
- Becher mit Wasser zum Ausspülen des Pinsels
- Unterlagen

Technik:

- Die gepressten Blätter werden auf einer Unterlage eingefärbt und danach mit der Farbseite nach unten auf ein Zeichenblatt gedrückt.
- Die Kinder legen ein Arbeitsblatt darüber und üben nochmals Druck mit der Faust oder mit der Handfläche aus.
- Eine andere Möglichkeit des Druckens besteht darin, das Zeichenblatt einmal in der Mitte zu falten und das eingefärbte Laubblatt zum Pressen hinein zu legen.

Besonderheiten:

- Das einmal eingefärbte Herbstblatt kann mehrmals zum Drucken benutzt werden, ohne es erneut mit Farbe zu bestreichen.
- Es entstehen unterschiedliche und sehr stimmungsvolle Varianten.
- Es ist empfehlenswert, Blätter zu verwenden, die erst vor einigen Tagen beziehungsweise Wochen gepresst wurden, da sie anderenfalls eventuell zerbröckeln.

● Auch jüngere Kinder können tolle Ergebnisse erzielen.

FÜR PAPA VINCY 22.10.03

5. Zaubertechnik

Material:

- weiße Zeichenblätter
- weiße Kerze oder Kerzenstumpf
- Malfarbe (zum Beispiel Tuschkasten)
- breiter Pinsel oder Schwamm
- Becher mit Wasser
- Unterlage

Technik:

- Mit der Kerze werden Bildmotive, Muster, Kreise, Phantasiekringel und so weiter auf das weiße Blatt gemalt; dabei muss fest aufgedrückt werden.
- Noch ist nichts zu sehen.
- Nach spannenden Hokuspokussprüchen kann der Zauber losgehen.
- Mit Pinsel oder Schwamm wird das gesamte Blatt eingefärbt.
- Fertig ist die Zauberei: Das vorher Unsichtbare wird sichtbar.

Besonderheiten:

- Viel Zeit sollte eingeplant und mehrere weiße Zeichenblätter bereit gehalten werden, denn obwohl ein Ergebnis so schnell erreicht wird, sind die Kinder erst zufrieden, wenn sie dieses „Wunder" mehrere Male ausprobiert und erlebt haben.
- Manchmal sind die Ergebnisse in den Augen der Erwachsenen zweifelhaft, doch die Kinder haben einfach viel Spaß.
- Sie sollten angehalten werden, mit der Kerze kräftig aufzudrücken, da sonst das Wasser nicht abperlt.

● Schon ganz kleine Kinder erfreuen sich an dieser Technik. Wenn ein größeres Kind oder ein Erwachsener Sterne, Wolken oder Ähnliches mit der Kerze vorzeichnet, staunt das kleine

Kind nicht schlecht, was da beim Malen so alles zum Vorschein kommt.

6. Handabdruck in Salzteig

Material zur Salzteigzubereitung:

- 1 Tasse Mehl
- 1 Tasse Salz
- 1 Teelöffel Pflanzenöl oder 1 Teelöffel Tapetenkleister in Pulverform
- eine halbe Tasse Wasser
- Rührgefäß, zum Beispiel Schüssel
- Löffel

Technik:

- Das Mehl wird mit dem Salz und eventuell Tapetenkleisterpulver gut vermischt.
- Unter ständigem Rühren fügen wir Wasser und gegebenenfalls Öl hinzu.
- Die Mischung muss nun gut durchgeknetet werden, bis die Masse glatt und geschmeidig ist. Es dürfen sich keine Risse bilden. Die Masse soll aber auch nicht klebrig sein, daher muss je nach Bedarf etwas Wasser oder Mehl untergerührt werden.
- Ein Klumpen Salzteig (etwa so groß wie eine Erwachsenenfaust) wird platt gedrückt bis auf ca. 2 bis 3 Zentimeter.
- Das Kind presst seine ausgebreitete Hand hinein.
- Die Form wird auf ein Kuchenblech gelegt und bei 100 bis 120 Grad solange gebacken, bis sie die gewünschte Festigkeit hat.
- Nachdem die Platte mit dem Handabdruck im Ofen abkühlt ist, kann sie nach Belieben entweder mit Keramikfarbe bemalt werden oder in der Naturfarbe bleiben.

Besonderheiten:

- In fest verschlossener Dose oder Plastikbeutel lässt sich diese Masse im Kühlschrank lagern.

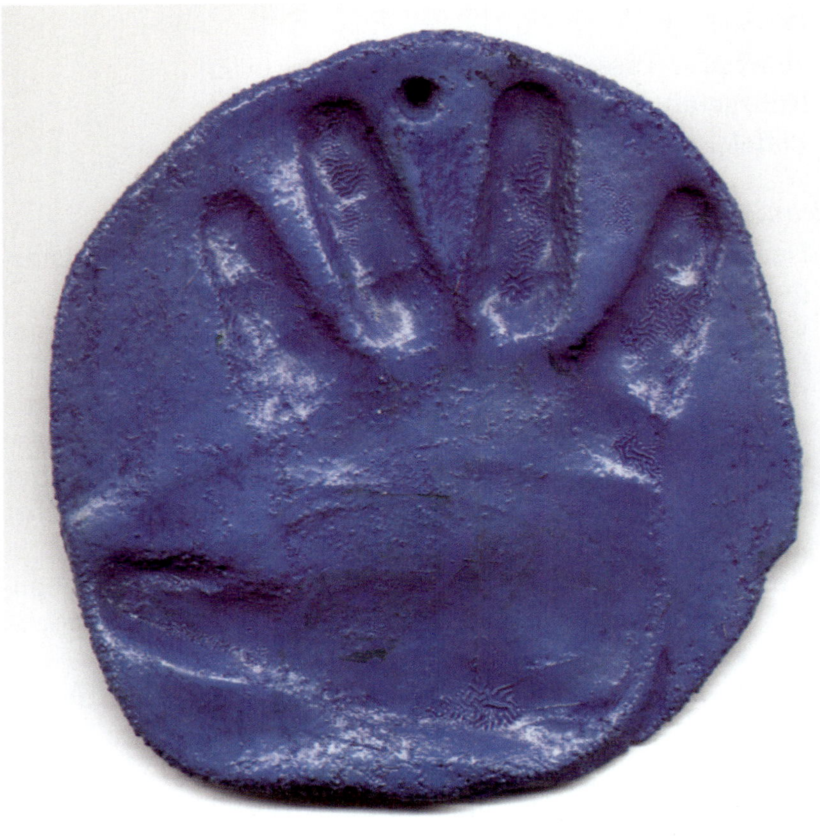

7. Winterbilder aus Salz oder Zucker

Vorbereitung:

– Die innere Seite der Pralinenschachtel oder des Deckels wird mit schwarzem Papier ausgelegt oder beklebt.

Material:

– leere Pralinenschachteln oder ähnlich flache Behälter
– Salz und /oder Zucker
– flüssiger Klebstoff aus Flasche mit spitzer Öffnung
– Bleistift oder heller Buntstift
– schwarzes Papier
– eventuell Watte und Haarspray

Technik:

– Mit dem Bleistift oder Buntstift werden Wintermotive auf das schwarze Blatt gezeichnet.
– Anschließend „ziehen" die Kinder dünn die Linien mit dem Klebstoff nach. Jüngere Kinder malen gleich mit der Spitze der Klebstofftube oder -flasche.
– Flächen, die später rein weiß erscheinen sollen, müssen ganz mit Klebstoff ausgefüllt werden.
– Wir halten die Kinder an, zügig zu arbeiten – der Klebstoff muss noch flüssig sein, wenn das Salz oder der Zucker kleben bleiben soll.
– Nun schütten die Kinder etwas Zucker oder Salz auf den Klebstoff und verteilen es durch Hin- und Herbewegen der Schachtel (die weißen Kristalle bleiben an den Klebstofflinien beziehungsweise -flächen hängen und es entsteht ein winterlicher Eindruck).
– Um diesen winterlichen Eindruck noch mehr hervorzuheben, kann der Rand abschließend mit etwas Watte beklebt werden.
– Wenn die Salz- oder Zuckerstellen mit Haarspray fixiert werden, fallen die Kristalle nicht so leicht ab.

Besonderheiten:

- Zuckerbilder glitzern etwas, wirken aber nicht so strahlend weiß und körnig wie Bilder aus Salz.
- Zucker bleibt intensiver haften, während das Salz eher abfällt.

● Für diese Technik begeistern sich schon Kleinkinder. Sie können es auf ihrem Bild zum Beispiel schneien lassen.

Variation für den Sommer: Sandbilder

Der Sand kann vorher eingefärbt werden, oder aber die Kinder suchen gleich unterschiedlich gefärbte Sandsorten wie Kies, Ton oder Muttererde.

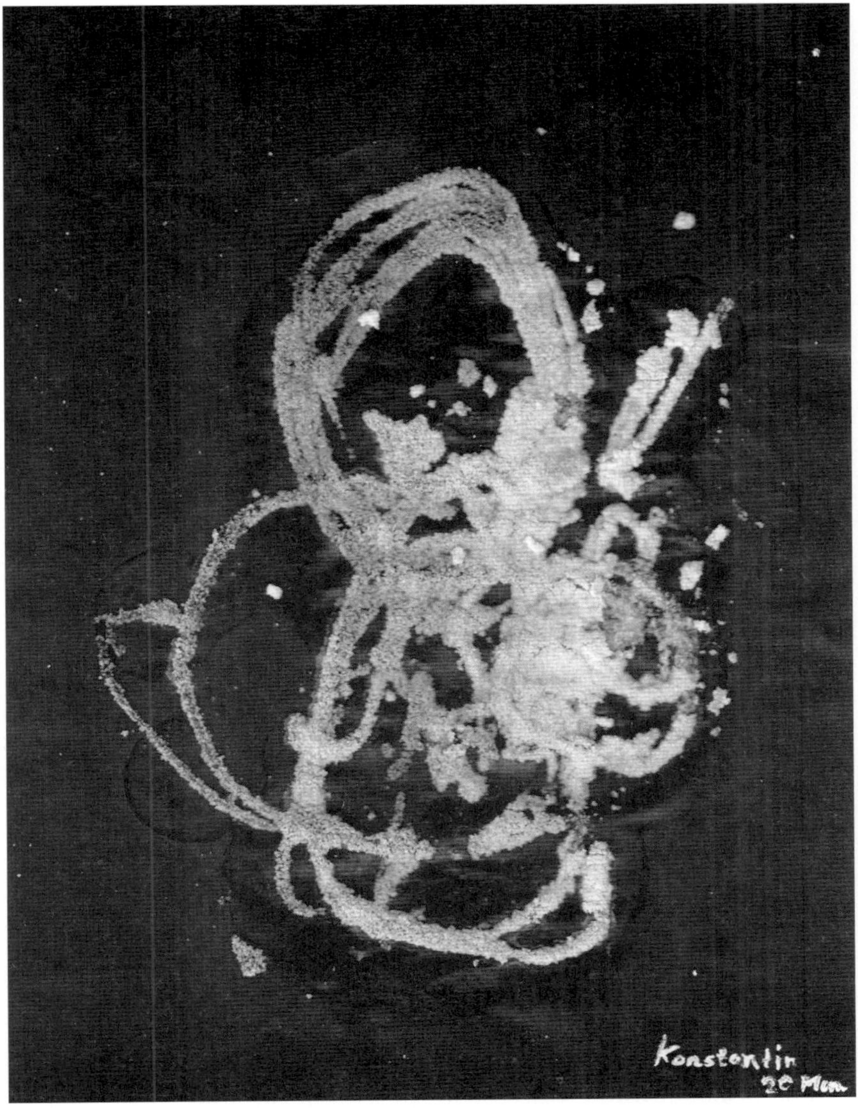
Konstantin

8. Naturmaterial auf Korkunterlagen

Manchmal bleiben nach Renovierungsaktionen ein paar Korkplatten übrig. Es lohnt sich aber auch, eine Packung im Baumarkt zu kaufen. Schon kleine Kinder sind begeistert, die Korkplatten mit Naturmaterial zu bekleben.

Material:

- Korkplatten (kleinere Stückchen, ca. 10 x 20 cm, lassen sich mit der Schere schneiden oder mit einem Cutter)
- flüssiger Klebstoff
- von oder mit den Kindern gesammeltes Naturmaterialien-Sortiment (zum Beispiel kleine Stöckchen, getrocknete Gräser und Blumen oder Moos und so weiter)
- brauner Tonkarton
- eventuell ein Stück Pappe DIN A4

Vorbereitung:

- Die Korkplatte wird auf dunkelbraunem Tonkarton so aufgeklebt, dass ein großer brauner Rand übersteht.
- Der Tonkarton kann sich eventuell durch das Aufbringen der Korkplatte wölben, daher ist es ratsam, das Ganze nochmals auf eine stabilere Pappe aufzukleben.

Technik:

- Die Teile aus dem Naturmaterialien-Sortiment arrangieren die Kinder so lange auf der Korkplatte, bis sie vollends zufrieden sind.
- Anschließend werden die Materialien von den Kindern aufgeklebt.

Besonderheiten:

- Die etwas aufwendige Vorbereitung lohnt sich, denn es entstehen herrliche Bilder zum Schmücken des Raumes oder als Geschenke.

- Schon für zweijährige Kinder ist diese Gestaltungsweise sehr geeignet. Aber auch Schulkinder haben Freude daran.

9. Blätterbilder

Vorbereitung:
Die Kinder sammeln Laubblätter und pressen diese.

Material:
- Zeichenblatt
- Malfarbe oder Wachsmalstifte
- Klebstoff
- gepresste Blätter

Technik:
- Zuerst malen die Kinder ein Motiv auf das Zeichenblatt, das möglichst in Verbindung zu den Laubblättern steht (zum Beispiel einen Baum oder einen Igel im Laubhaufen ...).
- Anschließend wird die Malarbeit durch das Aufkleben der gepressten Blätter bereichert.
- Noch schöner wirkt das Bild, wenn es auf ein etwas größeres Stück Tonkarton oder -papier geklebt wird, so dass ein farbiger Rahmen zu sehen ist.

10. Reißen und Kleben

Material:

- als Untergrund Zeichenblätter oder Falttüten (von Erwachsenen oder älteren Kindern gebastelt) ...
- eventuell Malfarben und Pinsel
- Klebstoff
- Reste von glänzendem Geschenkpapier

Technik:

- Situations- und lustabhängig können die Kinder etwas malen, zum Beispiel eine Laterne, um das Martinsfest bildnerisch zu verarbeiten.
- Anschließend reißen die Kleinen Schnipsel und kleben sie als Verzierung auf.

Besonderheiten:

- Das Reißen des festen Papiers könnte Schwierigkeiten bereiten. Daher sollte man Hilfestellungen am Anfang mit einplanen.

11. Winterbilder mit Styroporrahmen (zum Beispiel Weihnachtsmann)

Vorbereitung:

- Der Styroporrahmen wird mit schwarzem Papier hinterklebt.
- Günstig ist es, diese Konstruktion von hinten mit aufgeklebter Pappe zu stützen.

Material:

- rote Malfarbe
- Klebstoff
- schwarzes Papier
- Pinsel, Plastikbecher mit Wasser und Lappen
- Styroporeinfassung von Wechselrahmen (Verpackungsmaterial, das rechtzeitig gesammelt werden kann)
- Bunt-, Glanz- oder Geschenkpapier für eventuell mitbastelnde ältere Kinder

Technik:

- Die Kinder tragen mit dem Pinsel rote Farbe auf den schwarzen Untergrund auf (Weihnachtsmann).
- Nachdem die Farbe getrocknet ist, kann man mit etwas Hilfe den Bart und die Schneeflöckchen aus Watte ankleben.

● Ältere Kinder gestalten vielleicht ihr Bild mit anderen Wintermotiven und verwenden nach Wunsch auch Glanz-, Bunt- oder Geschenkpapier, während die Kleinen nur weiße Farbe nehmen.

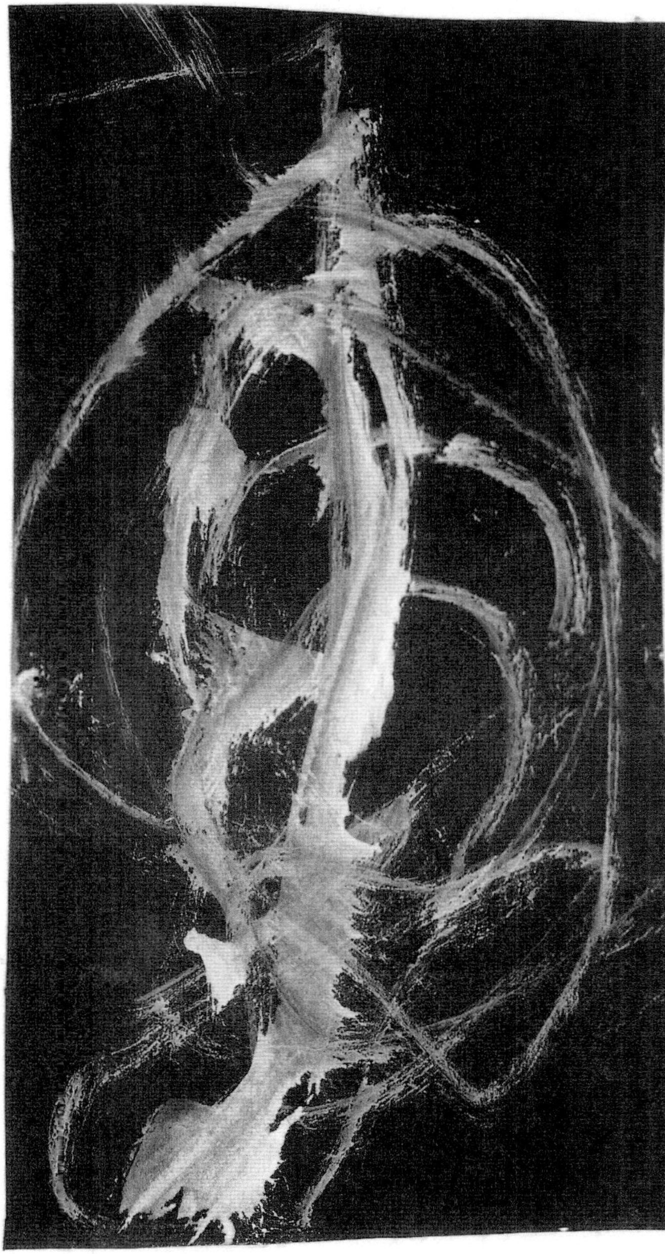

12. Weitere Winterkreationen auf Styropormaterial

Vorbereitung :

- Mit dem Cutter oder einem Messer wird eine Styroporplatte in der gewünschten Größe zurechtgeschnitten, (zum Beispiel DIN A4).
- Schwarzes oder dunkelblaues Papier sollte möglichst so geschnitten werden, dass es etwas kleiner als die Styroporplatte ist.
- Das Papier kleben wir auf die Styroporplatte (am besten mit Hilfe der Nägel oder Reißzwecken die Ecken solange anheften, bis der Klebstoff getrocknet ist).

Material:

- Styroporreste (zum Beispiel von Dämmplatten oder Deckenplatten)
- schwarzes oder dunkelblaues Papier (zum Beispiel Tonpapier oder Tonkarton)
- Klebstoff
- Schere
- weiße Farbe (zum Beispiel aus dem Tuschkasten)
- Pinsel
- kleine Nägel, zum Beispiel aus einem „Meister-Hämmerlein-Spiel" oder Reißzwecken
- diverse Materialien, die zum Beispiel Schneeflocken andeuten können (Watte, Styroporkrümel, Zellstoffschnipsel ...)
- Cutter oder scharfes Messer

Technik:

- Nun tritt das Kind in Aktion.
- Ganz nach Geschmack malt es Wintermotive auf das dunkle Papier.

– Zusätzlich können auch die bereitgestellten Materialien zum Aufkleben verwendet werden und zum Beispiel als Watteschneeflöckchen das Bild bereichern.

Besonderheiten:

– Gerade den jüngeren Kindern bereitet es viel Freude, einen Styroporstreifen zu zerbröckeln und die Krümel als Schneeflocken, Schneebälle und so weiter aufzukleben.

● Aber auch ältere Geschwisterkinder haben sicherlich Spaß an diesem kreativen Gestalten.

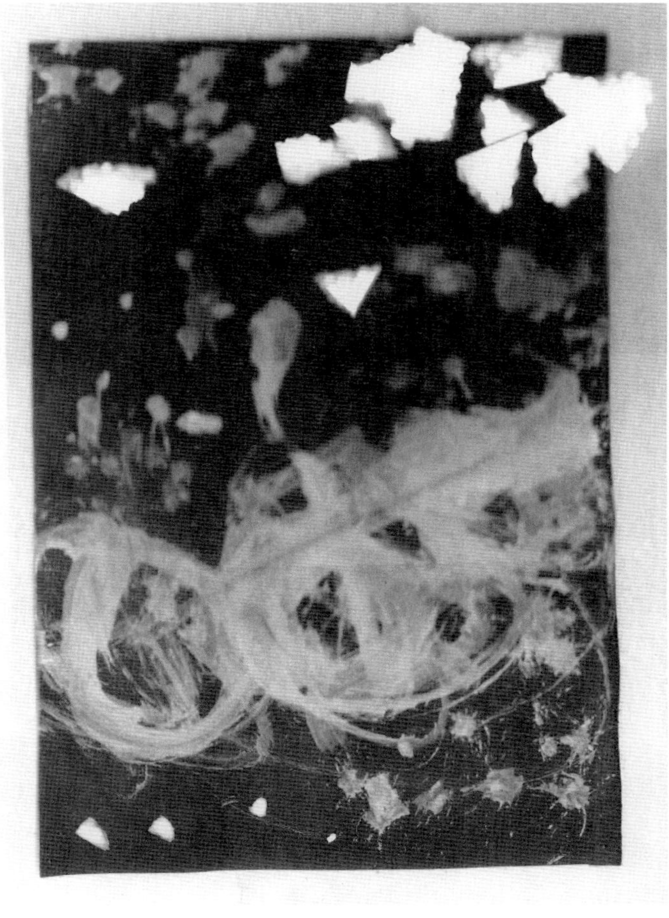

13. Arbeiten mit Tapetenkleister

Material:
- angerührter Tapetenkleister
- Malfarben
- Zeichenblätter
- Schwamm
- mehrere Schälchen, zum Beispiel leere Margarinebecher
- diverse Materialien, wie zum Beispiel Papier, Modellierhölzchen, Korken und Kamm
- Pinsel

Technik:
- In den Schälchen vermischen die Kinder Tapetenkleister mit Farbe.
- Nun stehen den Kindern verschiedene Farben zur Verfügung und sie können das Blatt mit einer oder mehreren Farben grundieren.
- Mit Hilfe des Schwammes werden nach Bedarf Hell-Dunkel-Effekte geschaffen (durch Wegnahme der Farbe an bestimmten Stellen).
- Außerdem haben die Kinder die Möglichkeit, mittels diverser Materialien interessante Strukturen zu schaffen – zum Beispiel durch Stempeln mit geknülltem Papier.
- Ebenso plastische Eindrücke entstehen durch Verwenden eines Modellierhölzchens, eines Kammes oder etwas Ähnlichem.
- Auch andere Farben können eingesetzt werden.
- Besonders interessante Wirkungen werden erzielt, wenn man das nasse Blatt nun einmal in der Mitte zusammenfaltet.
- Die Farben und Formen verändern sich, und wenn das Blatt sofort wieder geöffnet wird, versetzt das Ergebnis alle in Staunen.
- Auch Spiegelbilder sind auf diese Weise möglich.

Besonderheiten:

- Es ist empfehlenswert, lieber mit einer kleineren Kindergruppe zu arbeiten und für „Schutzkleidung“ zu sorgen, weil die Sache sonst leicht außer Kontrolle gerät.
- Da die Kinder nach eigenem Wunsch entweder lange an einem Blatt herumexperimentieren oder aber zu einem schnellen und trotzdem eindrucksvollen Ergebnis kommen können, trifft diese Technik den Geschmack fast aller Kinder.

● Auch jüngere Kinder können mitmachen. Wirkungsvolle Kinderarbeiten entstehen in jedem Fall.

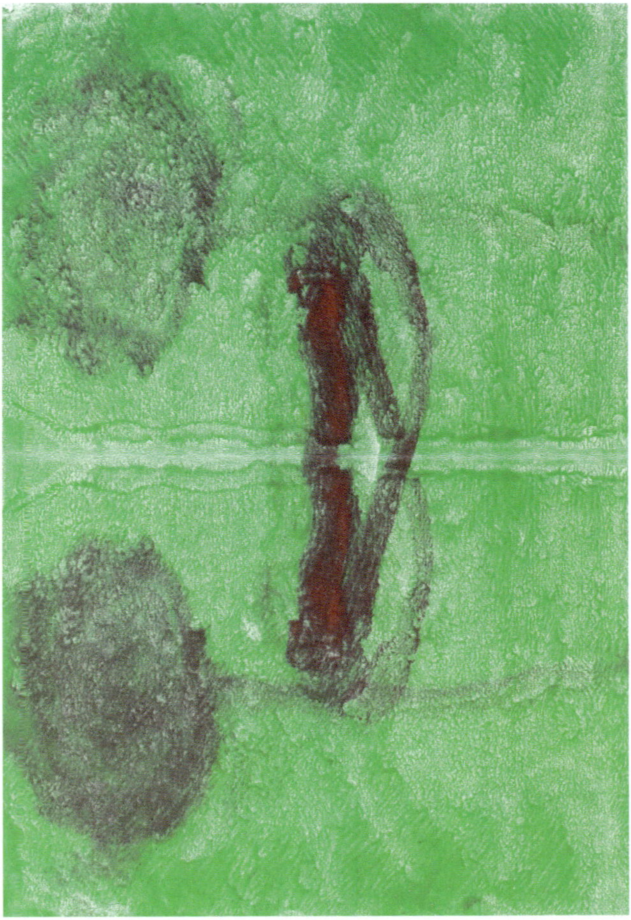

14. Spritzbilder

Vorbereitung:

- Es ist ratsam, die Tischplatte und den Fußboden in unmittelbarer Nähe des Arbeitsbereiches durch abwischbare Wachstuchdecken oder Zeitungspapier zu schützen. Ebenso wichtig ist es, für Arbeitskittel (zum Beispiel ausrangierte Herrenhemden oder Ähnliches) zu sorgen.

Material:

- kleines Metallsieb
- Zahnbürste
- mit Wasser angerührte Malfarbe in einem Schälchen
- alte Wachstuchdecke oder Zeitungen zum Abdecken des Tisches sowie Arbeitskittel für die Kinder
- Pappschablonen, gepresste Blätter, Gräser ...
- Zeichenblätter

Technik:

- Auf das Zeichenblatt legen die Kinder die Schablone oder Ähnliches.
- Die Zahnbürste wird nun in die Farbe getaucht und über dem Zeichenblatt an der Außenseite des Siebes, welches verkehrt herum gehalten wird, abgestreift. Unzählige kleine Spritzer werden auf dem Blatt sichtbar.
- Entfernt man die Schablone, hinterlässt diese eine weiße Stelle auf dem Papier.

Besonderheiten:

- Die derart gestalteten Bilder wirken sehr dekorativ.
- Sie sind geeignet für Einladungskarten, Tischkärtchen ...
- Es ist ein schnelles Ergebnis möglich und macht deshalb auch gerade ungeduldigen Kindern Spaß.
- Diese Technik kann sehr viel Unsauberkeiten verursachen (Spritzer an Möbeln und Kleidung ...), daher sollte man höchstens mit zwei Kindern gleichzeitig arbeiten.

Katrin R.

15. Die Knülltechnik – schnell zu praktizieren und dennoch wirkungsvoll

Material:

- Kreppppapier
- Klebstoff
- Tonpapier oder -karton
- Blätter mit Blumenmotiven, zum Beispiel aus Gartenkatalogen oder einem Kalender
- eventuell etwas Pappe zum Anfertigen einer Schablone (Rückseite eines Schreibblockes ...)
- Bleistift

Technik:

- Auf die Pappe wird ein Motiv gezeichnet und als Schablone ausgeschnitten, beispielsweise ein Herz.
- Diese Schablone legen die Kinder nun auf das Blatt mit den Blumenmotiven, zeichnen die Konturen nach und schneiden sie aus (allerdings können auch gleich Motive herausgeschnitten werden, ohne eine Schablone zu verwenden).
- Das ausgeschnittene Papier wird auf den Tonkarton geklebt.
- Die Kinder reißen nun kleine Stückchen von der Kreppppapierrolle und knüllen sie kräftig zu kleinen Klümpchen, etwa stachelbeerengroß.
- Etwas Klebstoff wird dann auf den Rand der aufgeklebten Form aufgetragen und Knüllbällchen draufgeklebt, so dass zum Beispiel das Herz plastisch hervorsticht.

Besonderheiten:

- Einladungskarten, Tischkärtchen und Ähnliches lassen sich auf einfache Weise effektvoll hervorheben.
- Einfache Formen, wie Herzen oder Ostereier, mit Knüllpapier zu umranden geht ziemlich schnell und verblüfft die Kinder in der Wirkung.

– Geduldige Kinder können auch kompliziertere Formen wählen oder sogar ganze Bildmotive mit Krepppapier ausfüllen, zum Beispiel einen Baum (eignet sich hervorragend als Gemeinschaftsarbeit zum Schmücken eines Raumes).

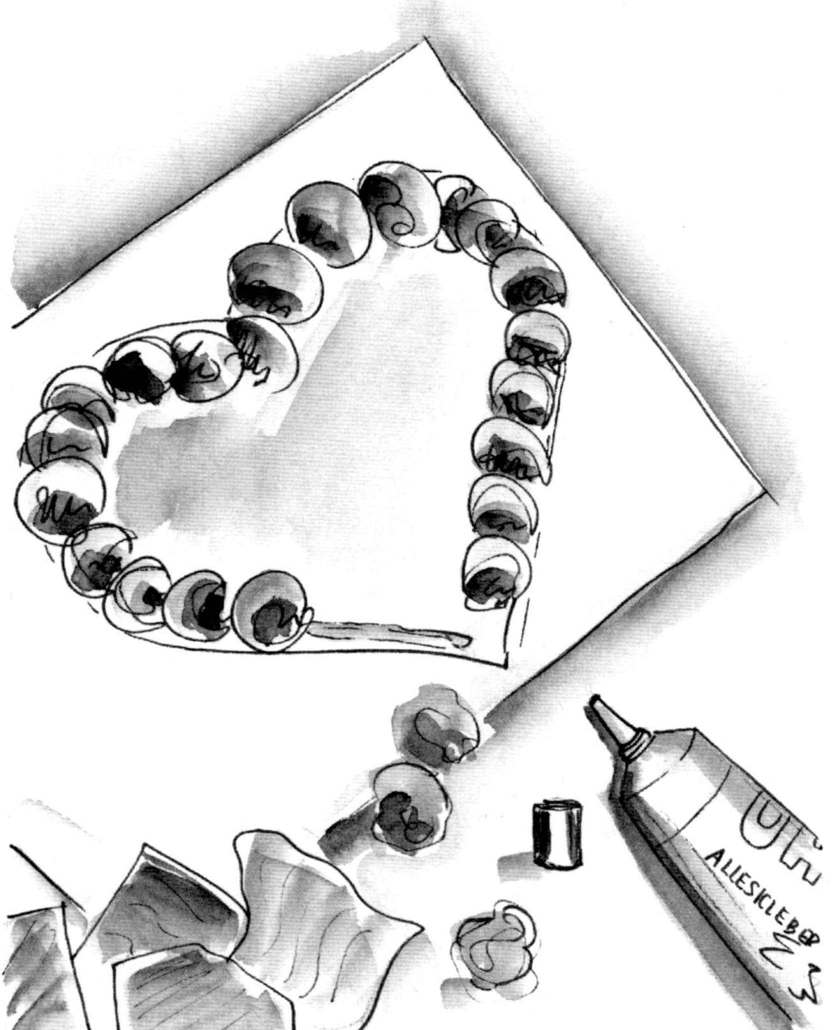

16. Kombinationstechniken – Falten, Kleben, Malen ... Beispiel „Sommerbilder“

Material:

- eingefärbte Zeichenblätter oder farbiges Papier
- quadratische Faltblätter oder quadratisch ausgeschnittenes Buntpapier (rot, gelb, braun)
- Buntstifte, Wachsmalstifte oder Ähnliches
- Klebstoff

Technik:

- Aus den roten quadratischen Blättern falten die Kinder mit etwas Hilfe einen Marienkäfer.
- Die Kinder kleben die Faltinsekten auf das Zeichenblatt und gestalten dieses nach Lust und Laune weiter mit den Bunt- oder Wachsmalstiften.

Variationen:

- gelbes Papier – Biene
- braunes Papier – Maikäfer

Besonderheiten:

- Diese Bilder wirken sehr plastisch und dekorativ, daher eignen sie sich auch als Tisch- oder Einladungskarten.

● Ältere Kinder können sehr gut mit einbezogen werden. Sie falten die Insekten für die Kleinen oder noch besser mit ihnen, danach gestalten sie ihr eigenes Bild.

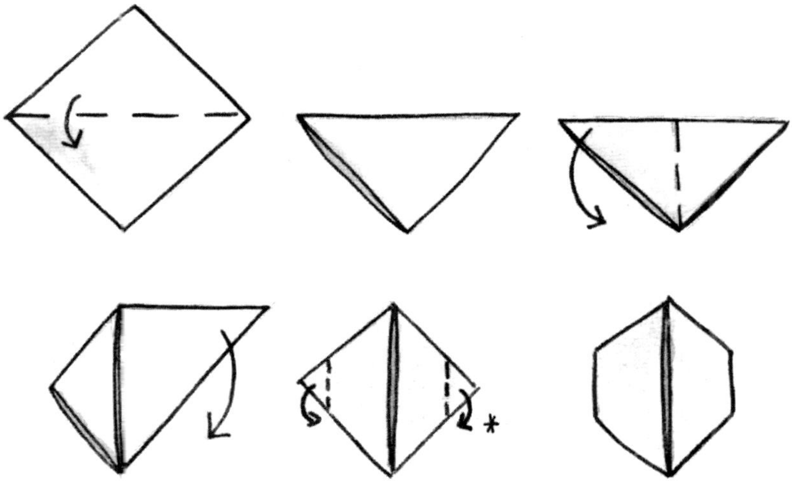

* Kleine Kinder schneiden die Ecken ab; ältere falten sie nach hinten.

... aufkleben und bemalen

17. Blättergeister

Vorbereitung:

- Bei einem Spaziergang können Laubblätter gesammelt und anschließend gepresst werden.

Material:

- Klebstoff
- Schere
- Buntpapier
- Stift zum Pupillenmalen
- gepresste Laubblätter

Technik:

- Die Kinder schneiden aus Buntpapier Augen, Nase und Mund.
  Diese Gesichtsteile werden auf das Laubblatt geklebt.

Besonderheiten:

- Die Blättergeister eignen sich gut als Raumschmuck, indem sie an einem dünnen Faden irgendwo herunterhängen (zum Beispiel an dem Ast einer Korkenzieherweide).
- Beidseitig beklebt können sie auch als Fensterschmuck dienen.
- Außerdem kann man sie zur Herstellung von Einladungskarten und so weiter verwenden.

18. Fadenbilder

Material:

- Wollfäden
- Malfarbe (zum Beispiel Tuschkasten)
- Zeichenblatt

Technik:

- Das Zeichenblatt wird in der Mitte gefaltet.
- Die Kinder tauchen einen Faden in die Malfarbe. Das Ende bleibt zum Festhalten trocken.
- Der eingefärbte Faden wird in das gefaltete Zeichenblatt hineingelegt.
- Der Faden muss nun langsam herausgezogen werden.
- Der Vorgang lässt sich beliebig oft wiederholen (auch mit anders gefärbten Fäden).

Besonderheiten:

- Die spiegelförmigen schönen Bilder fordern die Phantasie der Kinder heraus. Was könnte entstanden sein, vielleicht ein Schmetterling …?

● Diese Technik ist bereits für Kinder ab dem dritten Lebensjahr geeignet.

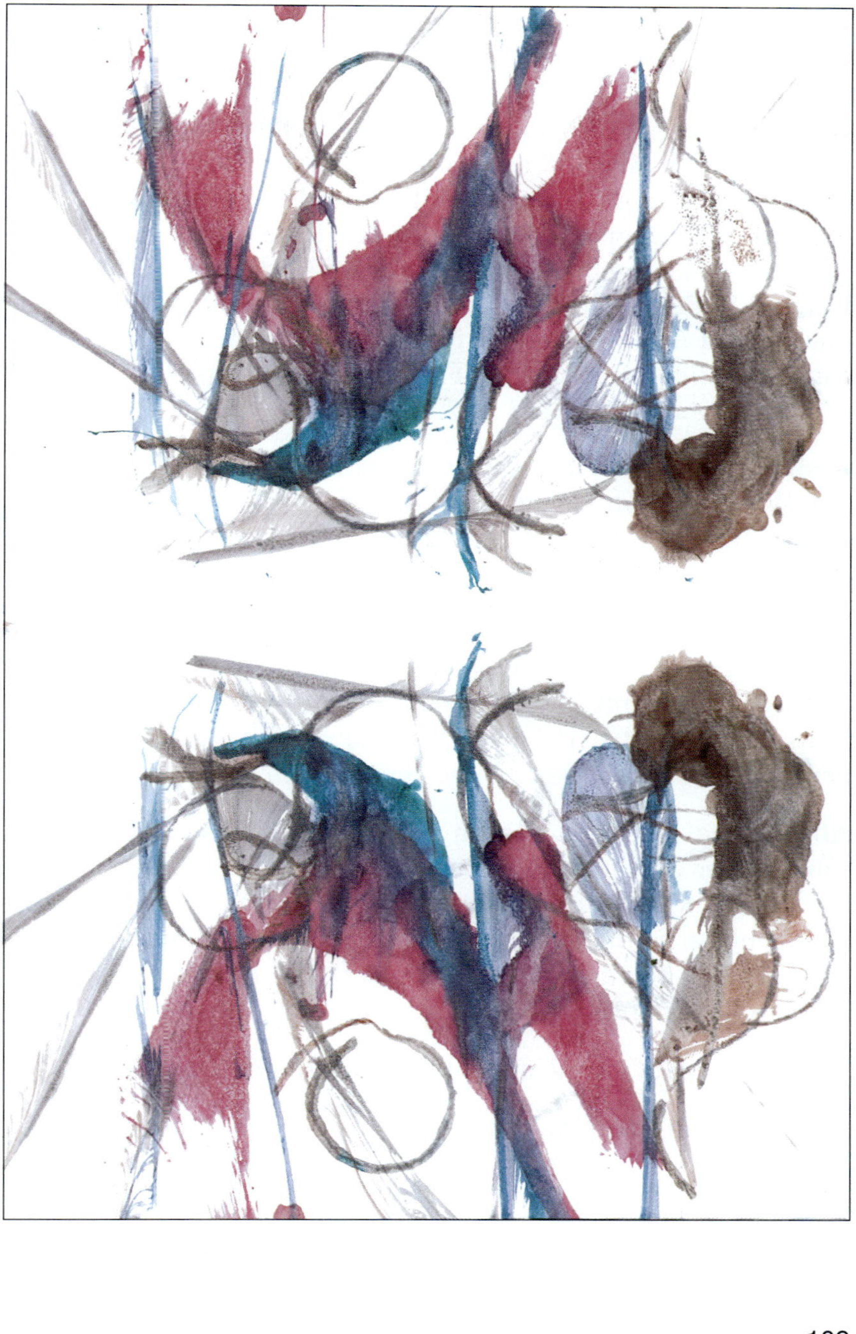

19. Herbstblätterspiel

Vorbereitung:

Während eines Herbstspazierganges werden die Kinder auf „schöne bunte Blätter" aufmerksam gemacht. Wir suchen gespannt nach farbenfrohen Gebilden und nehmen sie mit. Die Kinder sind begeisterte Sammler. Zu Hause oder im Kindergarten angekommen, pressen wir unter Mithilfe der Kinder die Blätter. In den nächsten Tagen schauen wir immer mal wieder nach ihnen und wecken die Neugierde der Kinder durch vielsagende Andeutungen und Fragen, zum Beispiel: „Habt Ihr schon mal ein Blätterbild gesehen?"

Endlich ist es soweit. Die Blätter sind zum Aufkleben geeignet. Wir können den Kindern nun eine Geschichte erzählen und dabei ein Phantasiebild vor ihrem geistigen Auge entstehen lassen.

„Es war einmal ein grünes Herbstblatt, langsam wurde es gelb, dann orange und schließlich etwas braun. Das Herbstblatt wusste: 'Bald zupft mich der Wind herunter, dann liege ich im Matsch. Vielleicht tritt noch jemand auf mir herum, ach ich armes Herbstblatt. Dann ist es aus mit mir.'

Aber es hatte Glück. Kaum wurde es vom Wind gekitzelt, schwebte es ein letztes Mal zur Erde herab. Und schon hatte es der Pauli entdeckt und bewundernd in die Tasche gesteckt. Zu Hause hat er es dann gepresst. Als er das schöne, glatte, bunte Herbstblatt betrachtete, dachte er: 'Aus dir mache ich ein Herbstblätterbild.'

Er klebte es auf ein Zeichenblatt und dachte:

'Gleich bist du der Bauch von einem Entenküken.'

Dann nahm er einen Stift in die Hand und malte den Kükenkopf, zwei Beinchen und was sonst noch dazu gehört. Seht ihr, so?"

Fertig war das Küken. Meint ihr, dass das dem Herbstblatt gefallen hat? Ich glaube, ja. Auch wir haben schöne Blätter gesammelt, hier liegen sie. Hat jemand Lust, sich ein Herbstblätterbild auszudenken?“

Nun ist der Phantasie keine Grenze mehr gesetzt. Auch drei- bis vierjährige Kinder haben da schon tolle Einfälle, wie ich es selbst erleben durfte.

Material:

- gepresste Herbstblätter
- Klebstoff
- Wachsstifte oder Buntstifte
- buntes Tonpapier

Technik:

- Die Kinder kleben ein Laubblatt auf das Tonpapier und ergänzen durch entsprechende Malarbeiten das Bild.

Variation:

Auch aus Lorbeerblättern können die Kinder ähnliche Phantasiebilder zaubern. Der Vorteil liegt auf der Hand: Lorbeerblätter stehen zu jeder Jahreszeit zur Verfügung.

Alexander

20. Gewürzbilder auf Margarinedeckel

Vorbereitung:

- Es müssen die flachen Plastikdeckel von runden oder ovalen Margarinebechern (zum Beispiel Rama) gesammelt werden.

Material:

- Margarinedeckel
- flüssiger Klebstoff
- verschiedene zum Bekleben geeignete Gewürze (zum Beispiel Senfkörner, Lorbeerblätter, Nelken ...)
- eventuell Trockenblumen und Baumrinde

Technik:

- Die Kinder bestreichen die Außenseite des Deckels mit Klebstoff.
- Senfkörner können als Untergrund auf die Klebefläche gestreut werden.
- Dann verwenden die Kinder je nach Wunsch andere Gewürze oder Trockenblumen beziehungsweise Baumrinde zum Gestalten ihres Bildes.

Besonderheiten:

- Die fertigen Bilder schmücken jeden Raum und eignen sich daher auch zum Verschenken.

● Zum Arbeiten mit Kindern unterschiedlichen Alters ist diese Anregung sehr empfehlenswert.

Variation:

Statt der Gewürze können die Kinder auch Vogelfutter (Körner) verwenden.

Lorb
gel-
UHU

21. Muttertagsherzen

Material:

- Bunt- oder Geschenkpapier
- Klebstoff
- Zeichenkarton
- Bleistift
- Herzschablone (aus Pappe geschnitten)

Technik:

- Die Kinder zeichnen mit einem Bleistift die Konturen der Herzschablone nach.
- Sie reißen aus Bunt- oder Geschenkpapier kleine Schnipsel, die dann auf die Bleistiftlinie geklebt werden.

Besonderheiten:

- Diese einfache Variante der Reiß-Klebe-Technik kann die Kinder dazu anregen, sich selbst neue Ausgangsschablonen auszudenken, eventuell auch andere Techniken einzusetzen, wie zum Beispiel Bemalen und Drucken.

● Gerade ältere Kinder können die vorgeschlagene Ausgangssituation ausbauen und ihre Phantasie beweisen. Nicht zuletzt spornen sie dadurch auch die Kleinen an.

22. Tropftechnik

Material:

- weiße oder eingefärbte Zeichenblätter
- farbige Kerzen (es können ziemlich kurze Stummel sein)
- bunte Stifte
- Feuerzeug oder Streichhölzer

Technik:

- Der Erwachsene tropft nach Anleitung des Kindes etwas Wachs auf verschiedene Stellen des Blattes.
- Die nun entstandenen, meist runden Wachsflecke fordern die Phantasie der Kinder heraus, welche versuchen, etwas daraus zu gestalten, zum Beispiel, indem sie mit den Stiften Käferbeinchen malen.
- Jüngere Kinder benötigen Anregungen. Wenn man ihnen einfache Möglichkeiten eröffnet, zum Beispiel Sonne, Blumen, Käferchen ..., sind sie sehr wohl in der Lage, weitere Varianten zu finden und auf diese Weise vielleicht auch Einladungskarten dekorativ zu gestalten.

Besonderheiten:

- Wegen der einfachen Vorbereitung und Ausführung ist diese Technik gut geeignet zum Überbrücken von Wartezeiten.
- Sie erfordert und entwickelt Phantasie.

● Die Tropftechnik gefällt großen und kleinen Kindern gleichermaßen.

23. Kunst auf Styropor – Malen wie im Atelier

Material:

- Styroporplatten (Reste vom letzten Renovieren oder als Paket vom Baumarkt für wenige Euro zu haben)
- flüssige Malfarben
- Schwämme oder Ähnliches
- Pinsel

Technik:

- Mit dem Schwamm tragen die Kinder auf die Rückseite der Styroporplatte eine oder mehrere Farben als Grundierung auf.
- Die Farben werden dabei nach Belieben übereinander auf die Platte gebracht.
- Es entstehen interessante Farbmischungen.
- Verteilen die Kinder die Farben in verschiedene Richtungen, lassen sich originelle optische Wirkungen erzielen.
- Da die Farben nicht sofort einziehen und trocknen, können die Kinder mit weiteren Hilfsmitteln wie Pinsel, Korken oder Lappen herumexperimentieren.

Besonderheiten:

- Diese Arbeit fördert sehr die Phantasie.
- Die Kinder zeigen ungeahnte Ausdauer und Intensität.
- Sie fühlen sich ein bisschen wie große Künstler im Atelier.

● Auch kleine Kinder haben viel Spaß dabei.

24. Wir stellen unsere eigene Druckplatte her

Material:

- Modelliermasse, zum Beispiel Knete
- Modellierhölzchen oder spitzer Stock, Stift ...
- Malfarbe
- Pinsel
- Plastikunterlage oder Unterlage aus anderem stabilen und dennoch biegsamen Material
- Zeichenblatt
- Druckerrolle oder Nudelholz

Technik:

- Die Kinder kneten die Modelliermasse weich, dann wird diese auf der Unterlage platt gedrückt, so dass je nach Wunsch eine runde, ovale oder viereckige Form zustande kommt.
- Damit die so entstandene „Druckplatte" auch eine glatte Oberfläche aufweist, sollte man kräftig mit der Rolle darüber fahren.
- Diese Vorbereitung kann mit Hilfe des Erwachsenen oder nur von ihm erfolgen.
- Nun beginnt die eigentliche kreative Arbeit der Kinder.
- Mit dem Modellierholz oder etwas Ähnlichem ritzen sie ein Motiv in die Druckplatte; dabei müssen sie darauf achten, dass die eingeritzten Linien ausreichend tief sind.
- Nun wird die Malfarbe aufgetragen.
- Es können auch mehrere Farben verwendet werden.
- Vorsichtig muss das Zeichenblatt über die eingefärbte Druckplatte gelegt werden. Erst streichen die Kinder mit der Hand über das Blatt und anschließend wird mit der Rolle sorgfältig hin- und hergewalzt, solange die Farbe nass ist.
- Das Blatt wird nun abgezogen.
- Ein eindrucksvolles Kunstwerk ist entstanden.
- Die Platte darf mehrfach verwendet werden.

– Nach Säuberung derselben können auch andere Farben ausprobiert werden.

Besonderheiten:

– Man sollte möglichst ohne Zeitdruck und nur mit einem oder zwei Kindern arbeiten.

● Diese Technik ist erst für ältere Kinder geeignet.

25. Drucken mit der Wachsdruckplatte

Vorbereitung:

- Zuerst muss eine Druckplatte aus Wachs hergestellt werden. Am besten erledigen die Kinder das an einem der voraus gegangenen Tage.

Material für die Druckplatte:

- Kerzenreste
- leere Blechbüchse (zum Beispiel Ananasbüchse, die Größe ist egal, aber der Rand sollte wegen der Verletzungsgefahr überprüft und gegebenenfalls mit Leukoplast abgeklebt werden)
- Topf mit etwas Wasser
- Herdplatte
- Unterlage
- Messer
- Deckel von einer Familienpackung Eis oder ähnlich flacher Deckel

Technik zum Herstellen der Druckplatte:

- Mit dem Messer schaben die Kinder auf der Unterlage Wachsspäne von den Kerzenresten.
- Die Wachsspäne sollen die Blechbüchse mindestens zu einem Viertel füllen, falls es sich um eine kleine Büchse handelt.
- Im Wasserbad wird das Wachs in der Büchse geschmolzen und gleich in den Deckel der Eispackung (Außenseite) gegossen.
- Das Wachs sollte am besten einen Tag aushärten. Es lässt sich dann ganz leicht als Platte herauslösen.

Material zum Drucken:

- Zeichenblätter
- Malfarbe

- Pinsel
- Wachsdruckplatte
- spitzer Gegenstand (zum Beispiel Messer oder Modellierhölzchen)

Drucktechnik:

- Die Kinder bearbeiten die Druckplatte mit dem spitzen Gegenstand entsprechend ihren Vorstellungen und ihrem Geschick.
- Sie tragen anschließend eine Schicht Malfarbe auf die Druckplatte auf, wobei nur wenig Wasser verwendet werden sollte. Auch nicht so flüssige Farbe wird anfangs vermutlich abperlen. Das macht nichts. Die Kinder malen mehrmals über die Platte und legen dann ein Zeichenblatt auf die bemalte Wachsplatte.
- Sie streichen ganz vorsichtig über die Oberfläche, ziehen dann das Zeichenblatt ab und wiederholen den Vorgang mit neuen Zeichenblättern, so oft sie dazu Lust haben.

Besonderheiten:

- Auch die zweite Seite der Wachsplatte kann zum Drucken verwendet werden.

● Jüngere Kinder haben bereits viel Spaß beim Drucken. Sie könnten eine bereits vorbereitete Wachsplatte erhalten und kratzen oder schaben ihr Motiv mit einem Modellierhölzchen in die Platte.

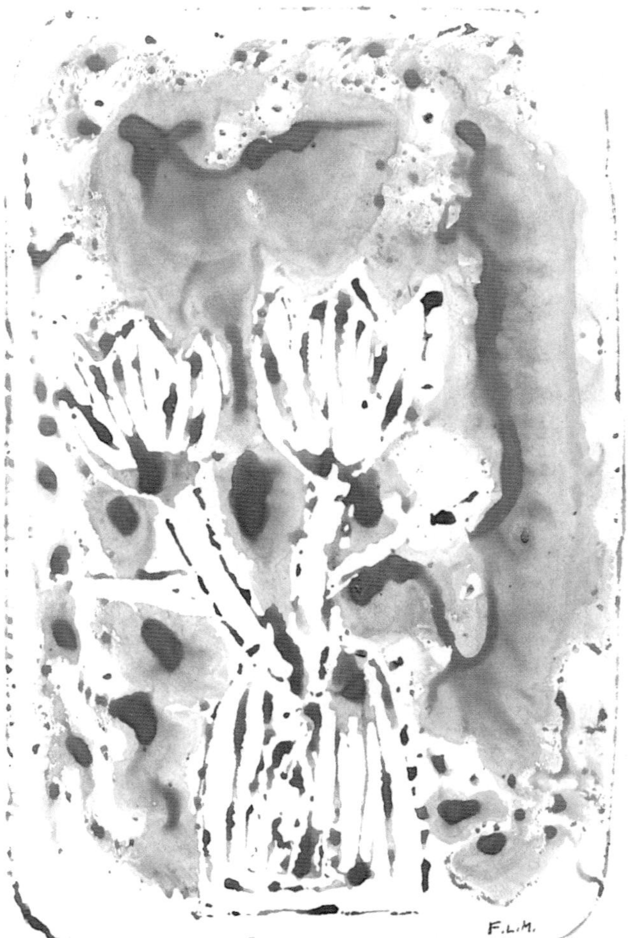
F.L.M.

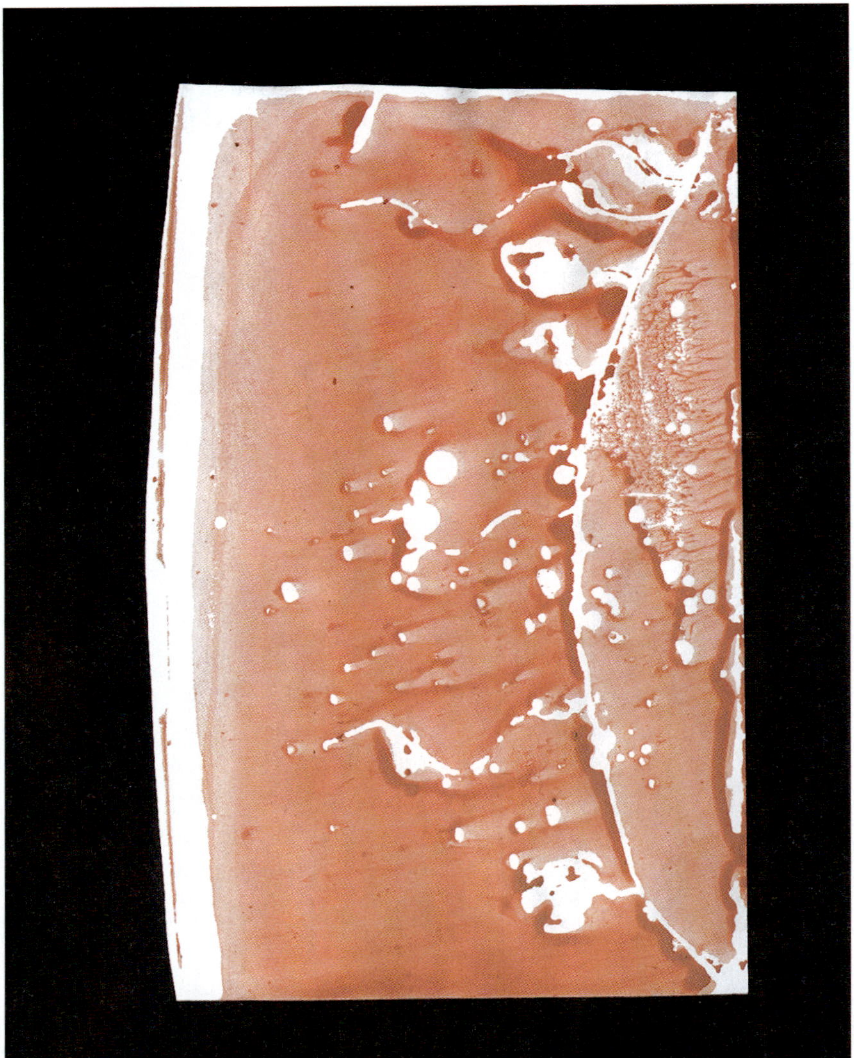

26. Einfache Aquarelltechnik

Material:

- saugfähige Zeichenblätter oder Aquarellpapier
- Malfarben aus dem Tuschkasten oder Aquarellfarben
- ein mit Wasser gefülltes Schälchen
- Schwamm, zum Beispiel Schaumgummiwürfel...
- Pinsel
- abwischbare Platte als Unterlage oder ältere Plastiktischdecke

Technik:

- Der Schwamm wird mit Wasser getränkt, dann muss das Blatt gleichmäßig mit dem Schwamm eingestrichen werden.
- Die sKinder wenden das Blatt und behandeln die andere Seite ebenso (das Blatt soll so nass sein, dass es auf der Unterlage klebt).
- Überschüssiges Wasser (Wasserpfützen) entfernen sie mit dem ausgedrückten Schwämmchen.

Nun beginnt die individuelle, gestalterische Arbeit:

- Das Blatt wird grundiert mit einer oder mehreren Farben, die mit dem Pinsel oder Schwamm aufgetragen werden.
- Durch Farbwegnahme mit Hilfe des Schwämmchens können Hell- und Dunkeleffekte geschaffen werden.
- Bildinhalte entstehen durch das Verwenden unterschiedlicher Farben und Formen.

Besonderheiten:

- Man kann lange an einem Bild arbeiten, ohne dass es langweilig wird, da sich das Bild nach Wunsch laufend verändert.
- Das Ergebnis ist so lange korrigierbar, bis die Farbe getrocknet ist.

- Die Kinder erleben die Wandelbarkeit als angenehm und können sich schöpferisch betätigen.
- Wunderschöne Arbeiten wurden von Kindergartenkindern auf ganz normalem Zeichenpapier mit Tuschfarbe gemalt. Es ist also nicht unbedingt erforderlich, extra Aquarellausrüstungen anzuschaffen.

27. Kratztechnik

Material:
- Zeichenblatt
- Wachsmalstifte
- schwarze Malfarbe (zum Beispiel Tuschkasten)
- Becher mit Wasser
- ein spitzer Gegenstand zum Kratzen

Technik:
- Die weiße Fläche des Zeichenblattes (oder des einmal gefalteten Zeichenblattes) wird mit möglichst hellen und leuchtenden Wachsmalstiften eingefärbt. Es ist empfehlenswert, einen Rand von ca. 2 cm nach allen Seiten hin frei zu lassen.
- Mit schwarzer Farbe tuschen die Kinder über die bunte Schicht Wachsmalfarbe.
- Nachdem die schwarze Farbe getrocknet ist, lässt sich ein schönes Motiv herauskratzen. Der frei gebliebene weiße Rand dient dazu, das Blatt gut festhalten zu können, ohne sich zu beschmieren.

Besonderheiten:
- Ein zum Kratzen geeigneter Gegenstand muss rechtzeitig bereitgestellt werden. Das könnte beispielsweise eine Messerspitze, eine Scherenspitze, das stumpfe Ende einer Stopfnadel oder auch das spitze Ende von manchen Teelöffeln sein. Es kommt eben darauf an, was sich im Haushalt findet und wie alt die Kinder sind. Am besten probiert man die Technik vorher allein aus, denn der Erfolg hängt wesentlich von dem Gegenstand ab, mit dem man kratzt.

● Schon kleine Kinder können diese Technik ausprobieren, sofern ein Erwachsener das mit dem spitzen Gegenstand hantierende Kind nicht aus den Augen lässt.

28. Plastische Bilder als Raumschmuck oder als Geschenke

Vorbereitung:

- Die Vorbereitung für diese beeindruckenden Kinderarbeiten ist etwas zeitaufwendig, zumal, wenn es sich um jüngere Kinder handelt, die sich nur wenig an vorangehenden Arbeitsgängen beteiligen können. In diesem Fall wäre es günstiger, ihnen das bereits vorbereitete Material anzubieten. Trotzdem: Die Mühe lohnt sich allemal, denn auf diese Art und Weise erhalten die Kinder zum Beispiel wunderschöne Geschenke für Menschen, die sie mögen.
- Die Innenseite der flachen Schachtel wird mit einem passenden Stoffteil ausgestattet, das heißt, der Stoff wird hineingeklebt.
- Über die obere Kante sollte nun ein Streifen Borte oder Spitze gespannt werden.

Material:

- Pralinenschachteln oder andere flache Schachteln
- Stoffreste (am besten dunkel und einfarbig)
- Klebstoff, Schere
- Reste von Spitzen und Borten
- Naturmaterial, zum Beispiel getrocknete Gräser ...

Technik:

- Diese vorbereitete Schachtel wird nun von den Kindern alleine weitergestaltet.
- Es können entweder ausgeschnittene Spitzenblumen und so weiter oder aber Naturmaterialien hineingeklebt werden – ganz nach Geschmack des Kindes.

● Diese Technik eignet sich sehr für das gemeinsame Beschäftigen mit Kindern unterschiedlichen Alters, da auch sehr junge Kinder schnelle Erfolgserlebnisse verbuchen können.

29. Duftbilder

Vorbereitung:

- Geeignete Duftmittel müssen zusammen gesucht werden. Das könnte ebenso Kakao sein wie Paprikapulver, Zimt, Ingwer oder getrocknete Kräuter, beziehungsweise Lavendel.

Material:

- Zeichenblatt
- flüssiger Klebstoff
- Duftmittel

Technik:

- Gezeichnet wird mit der Spitze der Klebstofftube oder -flasche.
- Es sollte immer nur schrittweise vorgegangen werden, damit der Klebstoff nicht schon anfängt zu trocknen.
- Auf die Klebstoffspur werden nun das Kakaopulver oder andere Duftmittel gestreut.

Besonderheiten:

- Es macht sich gut, das Zeichenblatt während der Bearbeitung in eine flache Schachtel (zum Beispiel Pralinenverpakkung) zu legen. Die Schachtel kann hin- und hergeschwenkt werden, bis auch die letzten Krümel an der Klebstoffspur kleben bleiben.
- Hinterher haben die Kinder die Möglichkeit, die Düfte auf dem Bild der anderen zu erraten.

● Auch kleinere Kinder können bereits mitmachen und sich an den Düften, die ihren Werken entströmen, erfreuen.

30. Fühlbilder

Material:

- Zeichenblatt
- Klebstoff
- Schere
- diverse Materialien (zum Beispiel Lederreste, Filz, Folie, Watte ...)

Technik:

- Die Kinder schneiden aus den verschiedenen Materialien die Teile für ihr Bild zurecht und kleben sie auf das Zeichenblatt.

Besonderheiten:

Die Bilder sprechen die Sinne der Kinder an, vor allem, wenn sie mit den Fingerspitzen über die Oberfläche entlang streichen.

Sie können auch gegenseitig versuchen, die Bildmotive zu erraten, indem sie mit geschlossenen Augen das Bild abtasten.

31. Glasdruck

Material:
- Zeichenblatt
- Pinsel
- Malfarbe (halbfeste Konsistenz, kein Tuschkasten)
- Glasscheibe
- Druckerrolle oder Nudelholz
- Plastikschüssel mit warmen Wasser
- zwei Lappen

Technik:
- Mit dem Pinsel werden farbige Motive oder Ornamente auf die Glasscheibe aufgetragen.
- Das Zeichenblatt muss vorsichtig auf die Glasscheibe gelegt werden, noch bevor die Farbe getrocknet ist.
- Das Kind sollte nun mit der Handfläche gefühlvoll hinüber streichen.
- Anschließend wird mit der Rolle ebenso behutsam verfahren.
- Das Blatt abziehen – fertig.

Besonderheiten:
- Es handelt sich um einen einmaligen Druckvorgang.
- Danach muss die Glasscheibe vom Erwachsenen in der Plastikschüssel gewaschen und mit dem zweiten Lappen abgetrocknet werden.
- Optimal wäre es, eine vom Glasermeister am Rand geschliffene Glasscheibe zu verwenden.
- Es entstehen kunstvolle Druckarbeiten, auf die die Kinder sehr stolz sind.
- Beim Auftragen der Farbe darf nicht getrödelt werden, es muss zügig gehen, damit die Farbe nicht an manchen Stellen bereits eintrocknet.

– Es handelt sich um schnell zu erreichende Ergebnisse, daher ist diese Form des Druckens auch für ungeduldige Kinder empfehlenswert.

● Damit die Glasscheibe nicht zur Gefahr wird, sollte diese Technik älteren Vorschulkindern oder Schulkindern (im Beisein von einem Erwachsenen) vorbehalten bleiben.

32. Arbeiten mit Watte, Zellstoff, Krepppapier, Stoffresten und Wolle ...

Die nachfolgenden Beispiele beinhalten Angebote, bei denen die Kinder unterschiedliche Techniken (Malen, Zeichnen, Kleben, Schneiden, Knüllen, Reißen ...) kombinieren.

Den Kindern werden verschiedene Materialien zur Verfügung gestellt, die fast überall zu finden sind, wie Papiertaschentücher, Wollreste, Stoffverschnitt und so weiter.

Nach anfänglichem Staunen darüber, was man alles zum Bildgestalten verwenden kann, haben die Kinder selbst viele originelle Einfälle.

Material:

- weißes Zeichenblatt oder farbiges beziehungsweise schwarzes Tonpapier
- Klebstoff
- Bleistift
- Buntpapier, Geschenkpapier oder Ähnliches, Woll- und Stoffreste, Zellstoff, Watte ...
- Schere

Technik:

- Blätter, die schon bemalt sind, erhalten durch Hinzufügen von gerissenem oder geschnittenem Papier oder Stoff beziehungsweise Wollelementen eine neue Note.
- Es können auch ganze Bildinhalte auf diese Weise gestaltet werden.

Besonderheiten:

- Diese Bilder wirken plastisch und interessant.
- Die Phantasie wird angeregt.
- Die Kinder gewinnen neue Einblicke in die Welt der kreativen Möglichkeiten.

Nachfolgend werden einige Beispiele vorgestellt.

33. Schwäne und Störche

Material:

- Zellstoff (weiße Papiertaschentücher)
- Klebstoff
- Bleistift
- Tonkarton, dunkel (oder schwarz grundierte Pappe...)
- eventuell Buntpapier, Malfarbe

Technik:

- Mit dem Bleistift zeichnen die Kinder die gewünschten Umrisse vor.
- Die Papiertaschentücher werden in kleine Stücke gerissen, zerknüllt und anschließend auf den Untergrund (Tonkarton oder Pappe) geklebt.
- Mit Buntpapier, Malfarben und so weiter können die Bildinhalte ergänzt werden.

Besonderheiten:

- Die Technik ist einfach und schnell zu realisieren, daher haben auch Kinder mit wenig Ausdauer Freude daran.
- Trotzdem sind die Arbeiten sehr wirkungsvoll, besonders auf dunklem Untergrund.

● Diese Technik macht Spaß und erfüllt die Kinder mit Stolz, daher ist sie auch gut geeignet für gemischte Gruppen.

Markus

34. Modenschau

Material:

- Schere
- Stoffreste und eventuell Knöpfe und Wolle
- Malstifte (Wachs-, Bunt- oder Filzstifte)
- Klebstoff
- Zeichenblatt oder Tonpapier

Technik:

- Die Kinder wählen Stoffreste aus und überlegen, welche Stoffe farblich zueinander passen.
- Sie schneiden aus den Stoffresten Formen, die Kleidungsstücke darstellen sollen.
- Diese werden auf das Zeichenblatt oder auf das Tonpapier geklebt.
- Vorher oder hinterher zeichnen die Kinder die „fehlenden" Körperteile wie Kopf oder Hals.
- Vielleicht wollen die Künstler auch Kopf und Kleidung schmücken, indem sie zum Beispiel Wolle als Haare verwenden.

Besonderheiten:

- Die Kinder haben manchmal Schwierigkeiten beim Zuschneiden des Stoffes.
- Es werden Erfahrungen gesammelt hinsichtlich der Farbharmonie.
- Sehr wirkungsvolle Arbeiten entstehen, die sich ausgezeichnet für eine Ausstellung (Modenschau) eignen.

● Jüngere oder etwas weniger geschickte Kinder können Bunt- oder Geschenkpapier benutzen oder man muss ihnen beim Stoffschneiden etwas helfen.

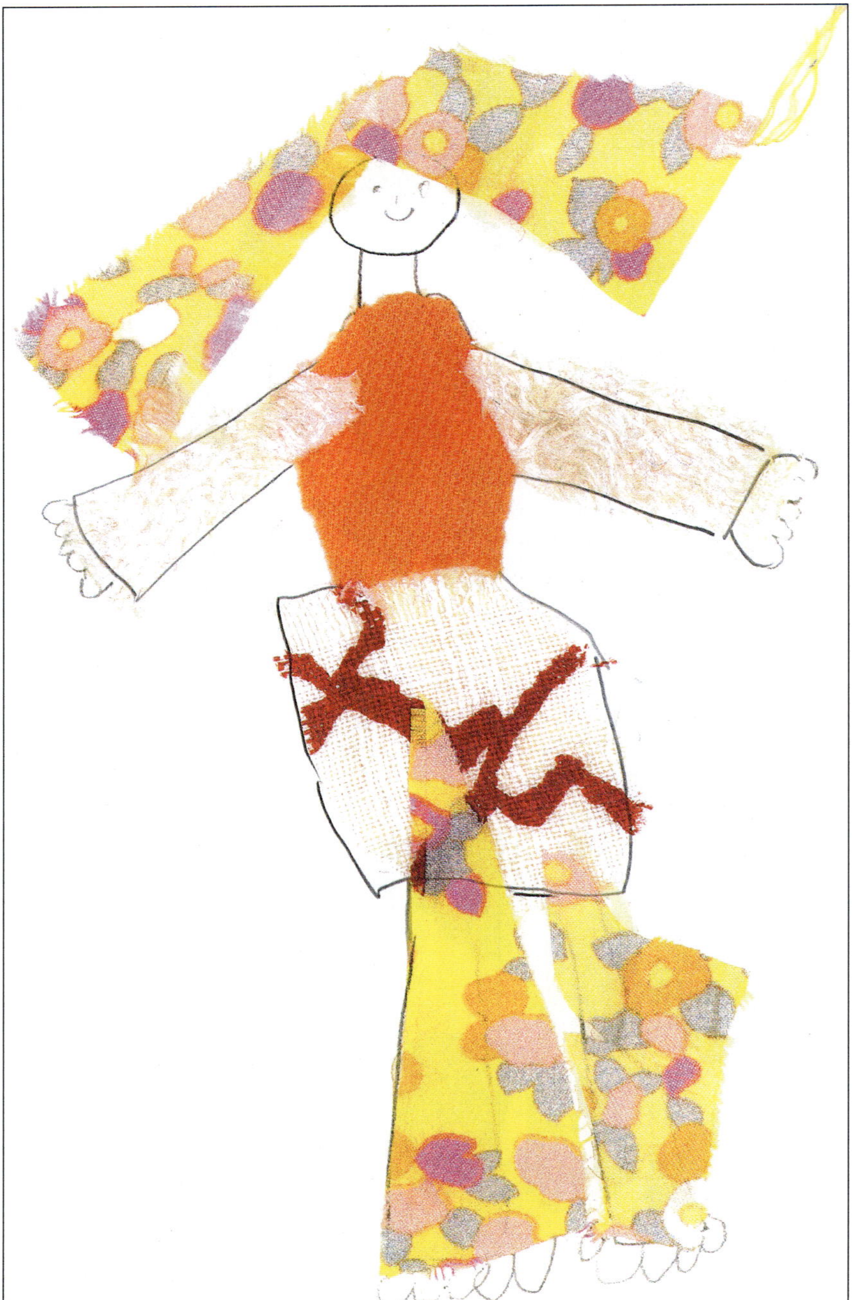

35. Das Wollschaf

Material:

- Zeichen- oder Tonkarton
- Wollreste (am besten weiche, dicke, flauschig wirkende)
- Bleistift
- Klebstoff

Technik:

- Die Kinder zeichnen mit Bleistift den gewünschten Umriss vor.
- Sie nehmen die Wolle mehrfach gebündelt und schneiden kurze Streifen ab.
- Diese werden von den Kindern auf Zeichen- oder Tonkarton geklebt, wobei die Wolle gedreht werden sollte, damit ein fülliger und kuscheliger Eindruck entsteht.

Besonderheiten:

- Die entstandenen Arbeiten sind sehr wirkungsvoll und plastisch.

● Ausdauer ist erforderlich, daher ist diese Technik nicht so gut geeignet für jüngere oder ungeduldige Kinder, sie verlieren schnell die Lust.

Variation:

Das Schaf kann auf ein Stück Pappe gemalt und mit Wolle beklebt werden. Anschließend wird es ausgeschnitten.

36. Viele grüne Farben kann ich zaubern

Farbenmischen ist ein beeindruckendes Erlebnis, für das auch schon Vierjährige zu begeistern sind. Beim folgenden Beispiel haben wir uns auf die Farbe grün konzentriert, um den Kindern nahe zu bringen, wie viel Variationen durch Mischen möglich sind, obwohl es sich um nur eine Ausgangsfarbe handelt.

Vorbereitung:

- Beobachtung in der Natur: „Die Natur kennt viele Grüntöne, viel mehr, als wir in unserem Tuschkasten finden."

Motivation: (Vorführung)

- „Jetzt zaubere ich aus gelb und blau eine neue Farbe. Was glaubt ihr wohl, kommt dabei heraus?"
- Die Kinder staunen über das entstandene Grün.

Material:

- mittelflüssige Farbe, Wasser
- Zeichenblätter
- diverse flache Deckel (zum Beispiel Marmeladendeckel)
- Pinsel

Technik:

- Mischen der Farben, zum Beispiel:
- grün + blau
- gelb + blau
- grün + gelb
- grün + schwarz
- Die Kinder experimentieren mit den Farben.
- Mischergebnisse können auf dem Blatt festgehalten werden. Vielleicht haben die Kinder Lust, im Anschluss Bilder zu malen.

Besonderheiten:

- Die Kinder staunen über ihre „Zaubereien“.
- Man sollte grün als Hauptfarbe im Auge behalten, denn Ziel dieser Übung ist es ja, die Kinder erleben zu lassen, wie man Grüntöne herstellen kann.

Weiterführende Vorschläge:

Bei den nächsten Malangeboten eignen sich zum Beispiel folgende Themen:

- rot: „Es brennt, die Feuerwehr hat viel zu tun.“
- blau: „Das Wasser rinnt, plätschert, schlägt Wellen und versickert ...“
- blau: „Die Schneekönigin“

● Während wir den „Kleinen“ erst einmal nur zwei oder drei Deckelchen mit verschiedenen Farben zum Mischen anbieten und ihnen hilfreich zur Seite stehen, um ihre Ergebnisse verbal zu begleiten, haben die älteren Kinder „freie Hand“.

Sie probieren und experimentieren selbständig, und wir erinnern allenfalls ab und an, dass wir eigentlich ein „Grünbild“ malen wollen. Wenn die Kinder jedoch unbedingt andere Farben ausprobieren möchten: Warum nicht?

37. Der Farbenkreis

Vorbereitung:

Die Kinder werden auf spannende Weise eingestimmt (zum Beispiel: „Wir wollen ein kleines Experiment machen ...“).

Als Einführung könnte aber auch das Buch „Die wahre Geschichte von allen Farben“ von Eva Heller genutzt werden.

Material:

- vorgezeichneter Kreis (siehe Kopiervorlage)
- Malfarben: rot, gelb und blau
- Pinsel
- Becher mit Wasser
- Deckel zum Mischen der Farben (zum Beispiel Schraubglasverschlüsse)

Technik:

Zuerst werden die drei Grundfarben rot, gelb und blau in die entsprechenden Felder des Kreises gemalt, wobei immer ein Feld frei bleibt für die jeweilige Mischfarbe.

Auf einem Deckel mischen die Kinder die Farben rot und gelb. Das entstandene Orange wird in das freie Feld zwischen rot und gelb hineingemalt.

Das Gleiche wiederholen die Kinder mit gelb und blau sowie mit blau und rot.

Besonderheiten:

- Der fertige Farbenkreis kann im Zimmer oder Gruppenraum aufgehängt werden, um die Kinder zu neuen Farbexperimenten zu inspirieren.

- Was passiert zum Beispiel, wenn die Mischfarben grün und orange, violett und orange oder violett und grün miteinander vermischt werden?
- Ein schönes Violett entsteht nur, wenn man zum Mischen Magentarot verwendet.
- Der Farbenkreis könnte noch mehr unterteilt werden, so dass auch Abstufungen entstehen (zum Beispiel rot + orange, orange + gelb)

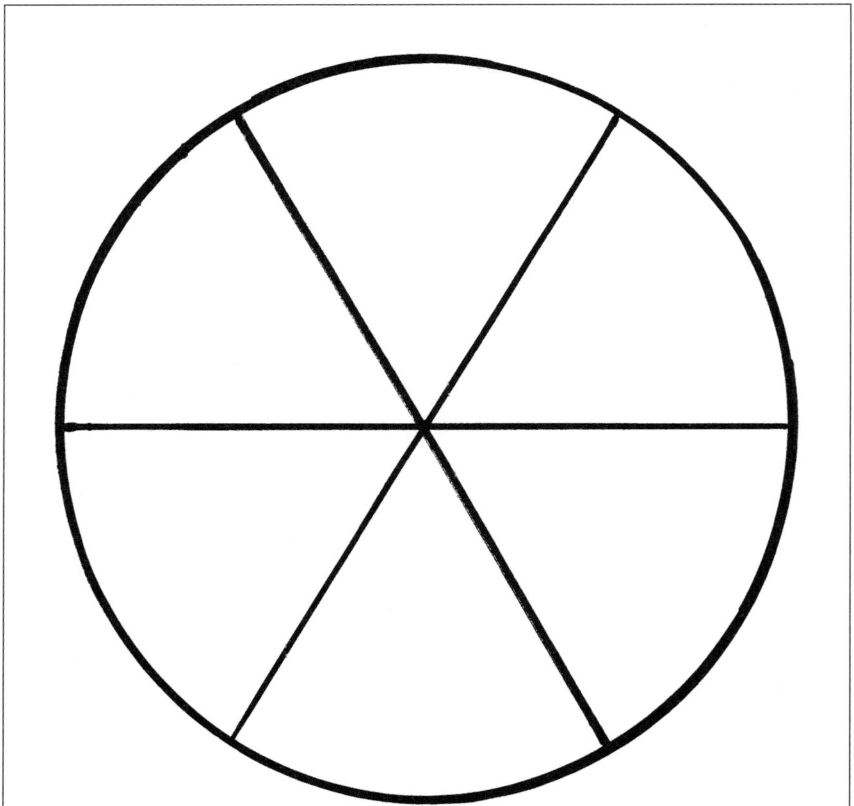

Kopiervorlage

38. Das Händegemälde

Material:
- Zeichenblätter
- Bleistifte
- bunte Stifte
- Schere
- Klebstoff
- ein großes Blatt Papier

Technik:
- Jedes Kind erhält ein Zeichenblatt und zeichnet mit einem Bleistift die Umrisse der eigenen Hand ab.
- Die aufgezeichneten Hände werden nun dem Geschmack und dem Geschick der Kinder entsprechend von ihnen ausgemalt und danach ausgeschnitten.
- Jedes Kind klebt seine Hand auf eine von ihm gewählte Stelle.

Besonderheiten:
- Je nachdem, ob es sich um ein „Familien- oder Gruppengemälde“ handelt, können auch die Eltern oder Erzieherinnen ihre eigenen Hände mit ins Spiel bringen.
- Für den aufmerksamen Betrachter ergeben sich interessante Beobachtungen, die zum Beispiel Rückschlüsse auf die subjektive Stellung des Kindes in der Gruppe oder in der Familie zulassen.
- Jede Hand kann mit einem kleinen Foto des jeweiligen Kindes beklebt werden. So wissen alle Kinder auch nach längerer Zeit noch, wer welche Hand gemalt hat.

39. Interessante Hintergründe

Eine interessante Variante der Bildgestaltung ergibt sich für die Kinder, wenn sie erst im Nachhinein das Blatt grundieren. Um das zu erreichen, müssen sie Wachsstifte zum Malen verwenden. Wenn sie anschließend Farbwasser über das Blatt streichen, verändern sich die Bilder auf wundersame Weise.

Material:
- weißes Zeichenblatt
- Wachsstifte
- angerührtes Farbwasser
- Schwämmchen
- Unterlage

Technik:
- Mit Wachsstiften gestalten die Kinder ihr Bild.
- Danach müssen sie mit dem im Farbwasser getränkten Schwämmchen darüber wischen.

Besonderheiten:
- Es macht Spaß, denn das eigentlich schon fertige Bild erhält ein neues Gesicht durch die nachträglich angepasste Farbgrundierung.

● Ältere oder besonders eifrige Kinder können das getrocknete Bild zusätzlich bereichern, indem sie Buntpapierschnipsel, kleine Wollfäden oder Stoffstückchen, beispielsweise als Blüten und Blätter aufkleben.

Bastian

40. Heißwachstechnik

Material:

- Zeichenblätter
- Pergament- oder Seidenpapier
- Wachsstifte, auch Restestummel
- Bleistiftanspitzer
- Bügeleisen
- farbiger Zeichenkarton als Untergrund (oder Tonpapier)
- Klebstoff

Technik:

- Ein Zeichenblatt wird von den Kindern mit Wachsstiften bemalt. Dabei sollten sie möglichst stark aufdrücken und ruhig auch immer wieder auf derselben Stelle malen.
- Das Pergament- oder Seidenpapier wird nun darüber gelegt, darauf kommt dann wieder ein Zeichenblatt.
- Das Bügeleisen stellen wir auf Seide ein.
- Wenn es heiß genug ist, bügeln wir mehrmals über die Blätterschicht. Die Wachsfarbe zerläuft und färbt das Seiden- oder Pergamentpapier auf originelle Weise.
- Das entstandene Bild ziehen die Kinder nun ab und kleben es auf einen passenden Untergrund (Tonpapier ...).

Variationen:

- Zur Verstärkung der Wirkung können auf bestimmte Stellen des Blattes vor dem Bügeln Wachsstiftspäne gelegt werden.
- Nach dem Zerlaufen entstehen phantasievolle Gebilde, zum Beispiel Dschungelbilder.
- Reizvoll ist oft auch das Original.
- Die Phantasie wird sehr angeregt, indem die Kinder versuchen, aus den Gebilden etwas zu erkennen.

– Diese Technik bietet sich an zum Herstellen von Glückwunschkarten (Blumenmotiv).

● Das Bügeln sollte zumindest beim Arbeiten mit jüngeren Kindern dem Erwachsenen überlassen werden.

41. Transparente Ölbilder

Vorbereitung:

Die Wahl des Motivs will gut durchdacht sein. Da es sich um teiltransparente Bilder handelt, eignen sich bestimmte Motive besonders gut, wie zum Beispiel weihnachtliche Sterne, Laternchen oder Abbildungen von Häusern.

Material:

- etwas Speiseöl in einem Gefäß (zum Beispiel Becher)
- dünner Pinsel für das Öl
- andere Malpinsel und Farbe (zum Beispiel Tuschkasten)
- Becher mit Wasser
- Zeichenblatt
- Bleistift

Technik:

Mit dem Bleistift zeichnen die Kinder die Umrisse des gewünschten Bildes vor.

Flächen, die transparent sein sollen (zum Beispiel Fenster) werden jetzt mit Öl ausgemalt.

Nun gestalten die Kinder den Rest des Bildes mit den Tuschfarben und malen dabei möglichst nicht über die Ölflächen.

Besonderheiten:

- Mit dieser Technik können auch Tischlaternchen oder Fensterbilder hergestellt werden.

42. Papiersticken

Material:

- Tonkarton, zum Beispiel schwarz
- Wollreste
- Sticknadel
- eventuell Malfarbe und Pinsel
- Bleistift

Technik:

- Das Kind zeichnet mit einem Bleistift die Umrisse gewünschter Motive auf den Tonkarton.
- Im Beisein und gegebenenfalls mit etwas Hilfe von Erwachsenen sticken sie die Umrisse nach.
- Anschließend kann nach Lust und Laune Farbe zum Einsatz kommen.

Besonderheiten:

- Es gibt im Handel vorgefertigte und vorgestanzte Stickschablonen extra für Kinder, doch ich finde, es geht ein gutes Stück Kreativität verloren, da sich die Kinder lediglich auf die Technik des Stickens konzentrieren. Bei der hier vorgestellten Form des Papierstickens dagegen setzen die Kinder voll ihre Phantasie ein. Sie wählen das Motiv, gestalten es selbst und verwenden obendrein „richtige" Erwachsenensticknadeln. Aus diesem Grund sollte man nur mit einem oder höchstens zwei Kindern gleichzeitig arbeiten.
- Die Kinder sind sehr stolz auf ihre Arbeiten.

● Diese Technik eignet sich hervorragend zur Entwicklung der Feinmotorik und vor allem zur Entwicklung von Geduld und Ausdauer. Sie sollte aber älteren Vorschulkindern oder Schulkindern vorbehalten bleiben.

Variation für jüngere Kinder:

Die Löcher werden vom Erwachsenen oder einem älteren Kind vorgestochen und es wird eine stumpfe Nadel bereit gelegt.

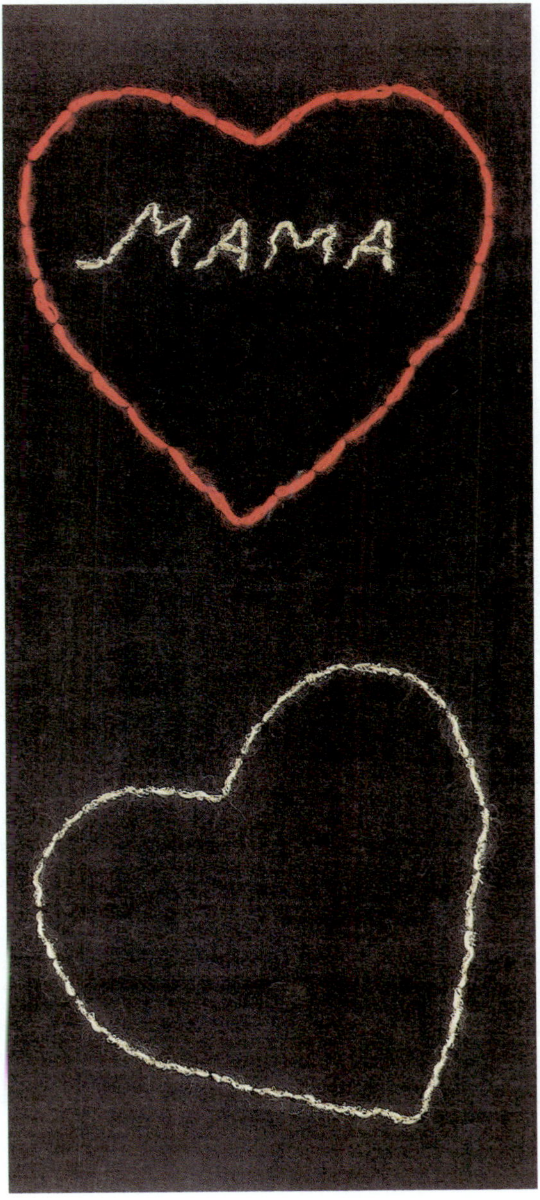

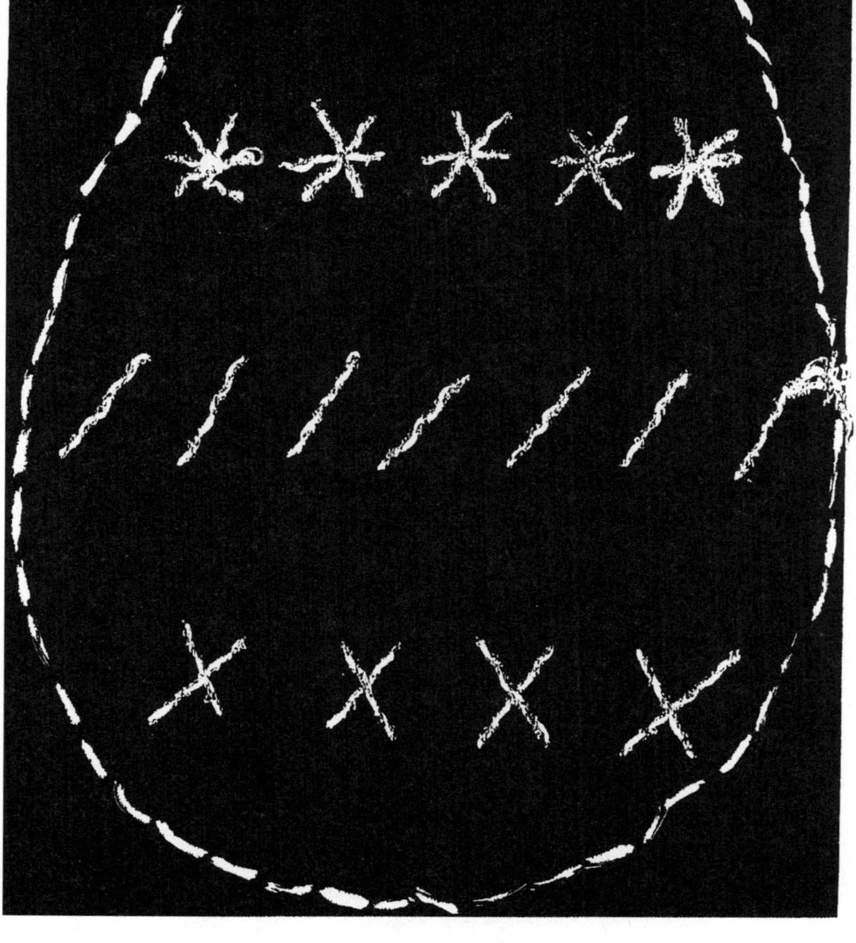

SANDRA

ANGI

43. Textilarbeiten

Nach vielen Stickarbeiten auf Papier sind interessierte Kinder optimal vorbereitet für Stickarbeiten auf Textilstoffen.

Material:

- fester Stoff als Unterlage
- verschiedenfarbige Stoffreste
- Schere
- Garn
- Nadel

Technik:

- Die Stoffunterlage wird auf dem Tisch ausgebreitet.
- Sie sollte nicht größer sein als 30 x 30 cm.
- Mit dem Kind wird nun in aller Ruhe beratschlagt, welches Bildmotiv entstehen soll und welche Stoffe hinsichtlich der Farbharmonie und der Beschaffenheit geeignet sind.
- Aus den gewünschten Stoffresten schneidet das Kind nun entsprechende Formen beziehungsweise Applikationen heraus. Dabei benötigt es vielleicht Ihre Hilfe.
- Die Formen werden geordnet auf die Unterlage gelegt und können nun mit Sicherheitsnadeln fixiert werden.
- Das Garn wird eingefädelt, und es kann damit begonnen werden, die Applikationen auf die Stoffunterlage zu nähen. Die ersten Stiche sollten Sie ausführen und dabei dem Kind alles erklären.
- Das Kind übernimmt die Nadel und beschäftigt sich solange mit seiner Arbeit, bis es für diesen Tag keine Lust mehr hat.

Besonderheiten:

- Diese Textilarbeit stellt hohe Anforderungen an das Kind.
- Daher ist es empfehlenswert, nur älteren und geschickten Kindern diese Technik anzubieten.

- Ein gewisses Maß an Ausdauer wird bereits vorausgesetzt, es sollte dem Kind klar sein, dass es vielleicht mehrere Tage daran arbeiten muss, ehe das Ziel erreicht ist.
- Trotzdem finden es gerade Mädchen im älteren Vorschulalter oder Grundschulalter sehr aufregend, einmal wie Mutti richtig zu nähen und einen eigenhändig gefertigten Wandbehang, einen Kissenbezug oder Ähnliches herzustellen und stolz präsentieren zu können.
- Man sollte nur mit einem Kind arbeiten und bei ihm sitzen wegen der spitzen Nadel, weil sich der Faden immer mal wieder verheddert und weil das Kind so länger bei Laune gehalten werden kann.
- Sollte die Geduld des Kindes einmal arg strapaziert sein, kann man ruhig einspringen, damit die Arbeit vorangeht und das Kind nicht die Lust verliert.

44. Schattenriss

Material:

- 2 große weiße Papierblätter (ein gutes DIN A2 Blatt als Untergrund und ein anderes weißes Papier, vielleicht Tapete)
- schwarzes Papier oder Tonkarton in DIN A2
- Bleistift
- Schere
- Stuhl
- Lampe, wenn nicht das Sonnenlicht draußen genutzt wird

Technik:

- An der Wand wird das nicht so gute weiße Papier befestigt (zum Beispiel mit einer Stecknadel).
- Das Kind nimmt auf dem Stuhl Platz, zwischen Wand und Lampe beziehungsweise Sonne.
- Wird drinnen gearbeitet, so muss die Lampe – nachdem das Zimmer verdunkelt wurde – den Schatten des Kinderkopfes an die Wand (oder vielmehr auf das weiße Papier) werfen.
- Mit dem Bleistift zeichnet der Erwachsene möglichst schnell die Umrisse des Kopfes nach, welche das Kind danach ausschneidet und anschließend auf das schwarze Blatt überträgt und nochmals ausschneidet.
- Der Schattenriss wird nun auf weißen Untergrund geklebt.
- Das Gleiche kann seitenverkehrt wiederholt werden.

Besonderheiten:

- Ein Schattenriss ist für den Ungeübten oft ein mühsames Unterfangen, doch der Aufwand lohnt allemal. Man verhilft dem Kind zu einer einmaligen Erinnerung oder zu einem tollen Geschenk.

● Je jünger das Kind ist, desto mehr Arbeitsschritte wird der Erwachsene ihm abnehmen müssen, um einen gelungenen Schattenriss herzustellen, an dem sich das Kind vielleicht noch nach Jahrzehnten erfreuen kann.

45. Stimmungsvolle Mal-Puste-Bilder

Material:

- weiße Zeichenblätter
- Ausziehtusche oder schwarze Tinte
- Pinsel
- Trinkhalm

Vorbereitung:

- Das biegsame Ende des Trinkhalmes wird abgetrennt.
- Außerdem müssen Kleidung und Tischplatte geschützt werden (durch Kittel und Zeitung).

Technik:

- Mit dem Pinsel tragen die Kinder dick die Tinte beziehungsweise Tusche auf, zum Beispiel in Form eines Baumstammes samt Ästen.
- Anschließend „verpusten" sie mit dem Strohhalm die Flüssigkeit.

Besonderheiten:

- Die entstandenen Kinderarbeiten sind sehr wirkungsvoll.
- Es lassen sich eine Menge Bilder in kurzer Zeit herstellen, die immer wieder anders aussehen und sich zum Weiterverschenken oder als Raumschmuck anbieten.

● Auch jüngere Kinder können diese Technik gegebenenfalls mit etwas Hilfe ausprobieren.

46. Engelbilder

Material:
- rosafarbenes Blatt A4
- weißes Spitzentortendeckchen
- etwas weißes Papier für den Kopf
- Engelshaar
- Schere
- Klebstoff
- schwarzer und roter Stift zum Malen des Gesichts
  evt. Silber- oder Goldsterne

Technik
- Aus dem Tortendeckchen werden das dreieckige Spitzenkleid und die Flügel geschnitten und auf das rosafarbene Blatt geklebt.
- Anschließend schneiden die Kinder aus dem weißen Papier den Kopf und kleben diesen ebenfalls auf.
- Engelshaar krönt das Ganze und nach Belieben können Sterne aufgeklebt oder aufgemalt werden.

Besonderheiten:
Ein schönes Motiv für Weihnachtskarten!

47. Wirkungsvolle Winterbilder aus Tortendeckchen und Scherenschnitten

Material:
- rechteckige weiße Tortendeckchen aus Papier
- Klebstoff
- schwarzes Tonpapier
- Schere
- Bleistift oder weißer Buntstift

Technik:
- Aus dem Tonpapier wird ein rechteckiges Stück so zurechtgeschnitten, dass, wenn man es auf das Tortendeckchen legt, die weißen Spitzen noch hervorschauen.
- Das Tonpapier kann, muss aber nicht in der Mitte gefaltet werden.
- Mit dem Stift zeichnen die Kinder die gewünschten Konturen auf das schwarze Blatt und schneiden sie dann entsprechend heraus, zum Beispiel ein Haus oder einen Baum.
- Danach wird das bearbeitete schwarze Tonpapier auf das Spitzendeckchen geklebt.

● Ein Scherenschnitt ist keine leichte Angelegenheit. Diese Technik ist daher eher für die älteren Kinder geeignet, und auch diese werden eventuell auf etwas Hilfe angewiesen sein.

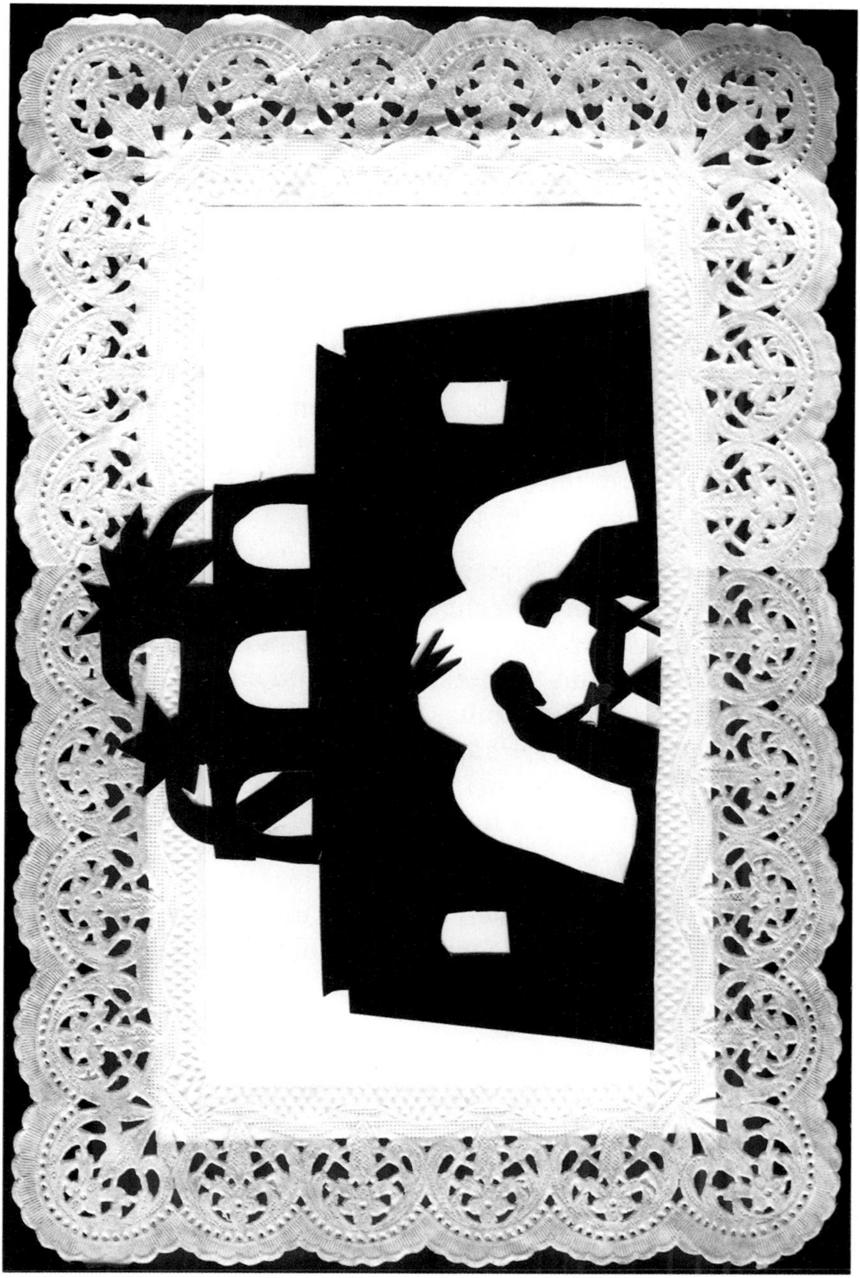

Spiele zur Phantasieentwicklung

48. Tauschbilder

Material:
- Zeichenblätter
- Stifte
- Eieruhr (Sanduhr ...)

Verlauf:

Alle mitspielenden Kinder bekommen ein Blatt Papier. Bis die Sanduhr einmal abgelaufen ist, malt jedes Kind etwas. Dann gibt der Spielführer lautstark ein Signal (zum Beispiel mit zwei Topfdeckeln schlagen oder pfeifen).

Daraufhin werden die Bilder getauscht, wobei jedes Kind sein Blatt nach rechts weiterreicht und das des linken Nachbarn in Empfang nimmt. Auf der nun vorliegenden Arbeit soll weitergemalt werden, bis das Signal ertönt – und das ist gar nicht so einfach, denn jedes Kind muss sich erst in das neue Bild hineinversetzen und seine Phantasie walten lassen. Die Blätter werden so oft getauscht, bis jedes Kind wieder das zuerst begonnene Bild vor sich zu liegen hat, oder solange es den Kindern Spaß macht.

Aus diesen Gemeinschaftsbildern kann man nun eine Ausstellung gestalten und die Kinder haben viel Spaß an der gemeinsamen Auswertung.

Anzahl der Mitspieler:

mindestens zwei Personen

● Dieses Spiel ist erst für ältere Vorschulkinder oder Schulkinder geeignet.

49. Wackelbilder

Malende Kinder sind oft enttäuscht, wenn sie von anderen angestoßen werden, weil sie ihr Bild dann für „verdorben“ halten. Um in solchen Situationen künftig mehr Humor zu bewahren und aus der Not eine Tugend zu machen, können wir folgendes Spiel einführen:

„Wackelbilder – oder: Wer kann etwas aus einem Kritzel malen?“

Greifen wir also die oben genannte Situation auf: Wir reden dem Kind beruhigend zu: „Du brauchst doch das Blatt nicht weg zu werfen, ich bin sicher, dir fällt etwas ein, was du aus dem Kritzel malen kannst. Pass auf, ich kenne ein Spiel. Ich nehme mir jetzt auch ein Blatt und du darfst mich anschukkeln.“

Spätestens jetzt wird die Neugierde des Kindes geweckt sein, vielleicht finden sich auch andere Schaulustige ein. Nun malen wir etwas und dem Kind bereitet es sicher ein Vergnügen, uns anzustoßen. Aus dem Kritzel improvisieren wir Verschiedenes und äußern unsere Gedanken laut.

Ein Beispiel:
„Ah, mal sehen, was man daraus machen kann – ich weiß, daraus male ich eine Wolke ...“

- Vorschlag für Vorschulkinder:

Nachdem die Kinder nun auf den Geschmack gekommen sind, erhalten alle Mitspieler ein Zeichenblatt und beginnen zu malen. Auf ein vorher vereinbartes Zeichen hin, darf jeder seinen Nachbarn zur Linken anschuckeln. Alle versuchen, aus den Kritzeln etwas Originelles zu improvisieren, bis sie sich erneut anschuckeln können.

In einem Spiel mit sechsjährigen Kindern kam es unter anderem zu folgenden Einfällen:

- Ein Berg sollte entstehen, nach dem Anschuckeln malte das Kind daraus einen „Langhalsdinosaurier“.
- Ein gewöhnlicher Dino wurde nach dem Anstoßen zum „Fledermausdinosaurier“.
- Aus einem Baum wurde ein Baum mit Wurzel.

Anzahl der Mitspieler:
bis sechs Personen

● **Vorschlag für Schulkinder:**

Die malenden Kinder dürfen sich auch hierbei auf ein Zeichen hin anstoßen. Zum Improvisieren bleibt ihnen aber nur eine gewisse, vorher vereinbarte Zeit. Ist diese abgelaufen, geht der Spielführer herum und gibt jedem Kind, dem etwas eingefallen ist, ein Steinchen oder Ähnliches. Die Kinder betrachten gegenseitig ihre Malideen und schon beginnt eine neue Runde. Wer zum Schluss die meisten Steinchen ergattern konnte, ist Sieger.

Anzahl der Mitspieler:
drei bis sechs Personen

Besonderheiten:
- Um das Spiel nicht langweilig werden zu lassen, können die Zeitabstände verringert werden, so dass es immer schwieriger wird, ein Steinchen zu gewinnen.

50. Das Zwergenhaus

Vorgeschichte:

„Alle kennen das Haus von den sieben Zwergen hinter den sieben Bergen. Aber, was kaum jemand weiß: Hinter den sieben Bergen wohnen noch viel mehr Wichtelmänner und Zwerge. Sechs weitere Zwergenhäuser stehen dort. Im ersten wohnt nur ein Zwerg, im zweiten leben zwei Zwerge, im dritten drei und so weiter.

Hier haben wir einen Würfel. Wir werden gleich nacheinander würfeln und die Augenzahl bestimmt, wer welches Haus malt, zum Beispiel: Wer eine zwei würfelt, malt das Zweizwergenhaus.

Ihr könnt es von außen malen, oder zeigen, wie es dort drinnen aussieht.

Versucht, euer Zwergenhaus so zu malen, dass jeder sofort erkennt, um welches es sich handelt."

- Auch jüngere Kinder können mitspielen.

Anzahl der Mitspieler:

ab zwei Personen

51. Von A bis Z aus dem Hut

Für das nachfolgende Spiel gibt es drei Variationen. Für alle gilt:

Es kommt nicht auf ästhetisch ansprechendes Gestalten an, sondern auf originelle Einfälle, schnelles Denken, rasche Entscheidungen sowie auf das Verwenden symbolhafter Darstellung, damit der Bildinhalt möglichst von den anderen erkannt wird.

Wir benötigen:

- Hut, Büchse ...
- Zettel mit Buchstaben von A bis Z
- Zeichenblätter
- Stifte

Ablauf:

- Ein Kind zieht einen Zettel und liest laut den Buchstaben vor.
- Alle Mitspieler malen ein Ding oder ein Wesen, das mit dem gezogenen Anfangsbuchstaben beginnt.

1. Variation „Wettbewerb“:

- Es kann eine Zeit ausgemacht werden, oder man einigt sich darauf, zum Ende zu kommen, wenn fast alle Kinder fertig sind.
- Da ein Wettbewerbscharakter vorliegt, wird nach abgelaufener Zeit ausgewertet:
- Gleiche Motive scheiden aus.
- Die restlichen Motive werden mit einem Punkt bedacht.
- Der nächste Buchstabe wird nun gezogen.
- Wer zuletzt die meisten Punkte hat, ist Sieger.

Anzahl der Mitspieler:
ab drei Personen

2. Variation: „Spiel ohne Wettbewerb“:

- Die Kinder wählen für sich selbst einen Buchstaben aus.
- Es wird gemalt aus Spaß an der Freude, ohne Zeitbegrenzung und Wettbewerb.

3. Variation: „Buchstabenbilder“

Auch bei dieser dritten Variation wird anfangs ein Buchstabe gesucht. Entweder findet wieder der Hut Verwendung oder ein Kind sagt laut: „A“ und „betet“ in Gedanken das Alphabet herunter. Ein anderes Kind ruft: „Stopp!“ und der jeweilige Buchstabe wird vom ersten Kind laut genannt. Beispiel: „K – alle malen ein K-Bild!“

Es darf alles benutzt und eingesetzt werden, was an Materialien zur Verfügung steht, beispielsweise darf von Buchillustrationen abgemalt oder eine Schablone verwendet werden. Einzige Bedingung: Alle Wesen und Gegenstände auf dem Bild müssen mit einem „K“ beginnen (Katze, Kai und Karoline, Knusperhäuschen, Kräuterhexe, Kiefernwäldchen, Kienäpfel und so weiter).

Das Spiel in dieser Variante trägt keinen Wettbewerbscharakter. Es spornt an, die Phantasie einzusetzen und in der Auswertung ist es lustig, zu erleben, was sich die anderen Kinder alles ausgedacht haben.

Anzahl der Mitspieler:
ab zwei Personen

B
A
Z
K
T
M
S

52. Landkarte

Ein Spiel für Kinder, die bereits Zahlen kennen.

Jemand (Mama, Papa, die Erzieherin, ein anderes Kind oder das „malspielende“ Kind selbst) schreibt Zahlen von beispielsweise 1-20 wild durcheinander auf ein Zeichenblatt. Jede Zahl wird eingekreist.

Nun werden die Zahlen der Reihe nach miteinander verbunden. Das Kind entscheidet, ob es vielleicht blaue Schlangenlinien als Flüsse verwendet oder Ähnliches. Die Linien dürfen sich nicht berühren oder kreuzen, die Kreise dagegen kann man überqueren. Sind alle Zahlenkreise miteinander verbunden, bleibt es den Kindern überlassen, die entstandenen Felder bunt auszumalen.

Besonderheiten:

- Es ist ein sehr simples Spiel, das sich hervorragend zum Überbrücken von Wartezeiten oder zum Langeweilevertreiben eignet.
- Auch mehrere Kinder können im Wechsel die Zahlenkreise miteinander verbinden. Wer eine bereits vorhandene Linie berührt, scheidet aus.
- Spielt ein Kind allein „Landkarte“, beruhigt es irgendwie das Gemüt, ich selbst liebte es als Kind.

● Jüngere Geschwister können mitspielen, indem sie einfache Kreise ohne Zahlen benutzen.

Anzahl der Mitspieler:

ab einer Person bis ...

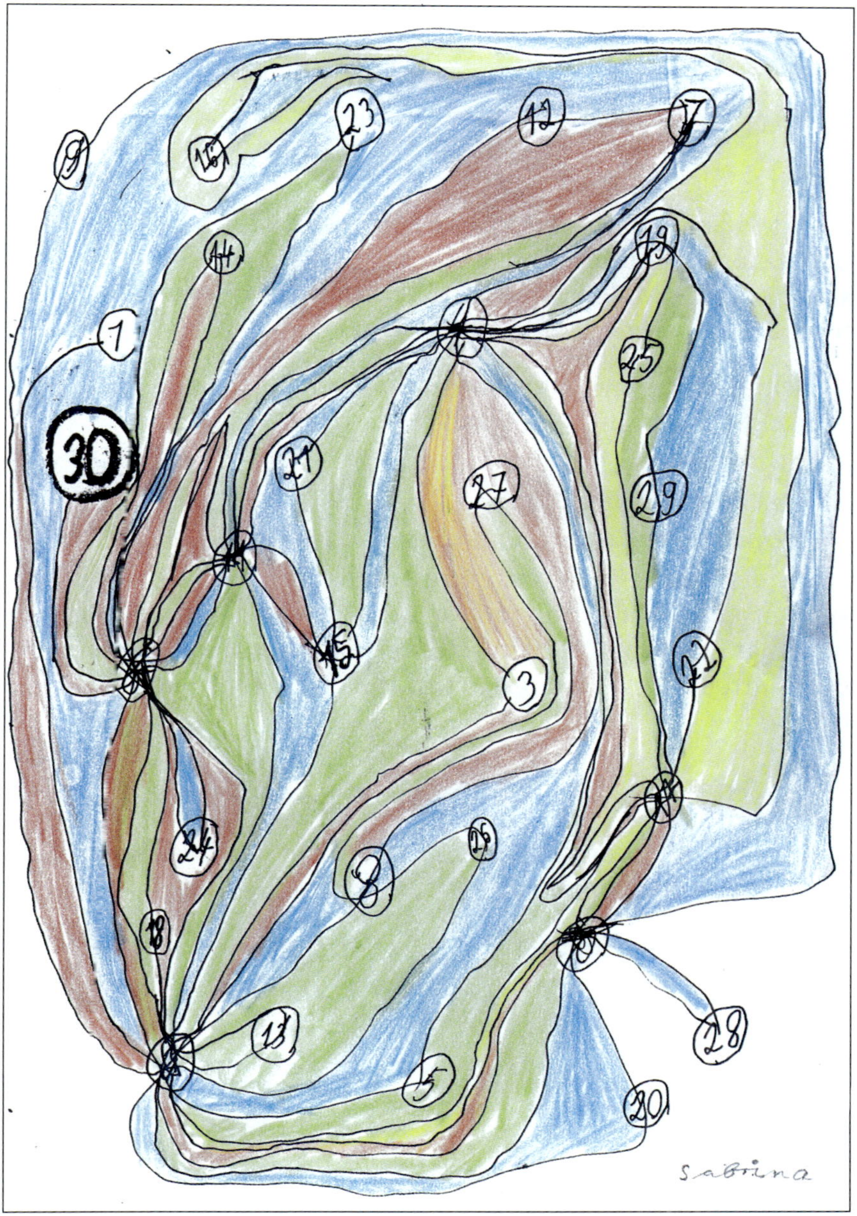
Sabrina

53. Bilder ohne Malfarben und Stifte

Material:

– ein Blatt Papier

Verlauf:

Ziel des Spiels ist es, ein Bild zu malen, ohne spezielle Malutensilien zu benutzen. Es soll improvisiert werden aus allem, was sich zum Malen zweckentfremden lässt. Verwenden kann man beispielsweise:

– Schuhcreme (mit dem Finger oder einem Lappen kann man sie gut auf Papier verwischen als Berg, Wolke ...)
– ausgedienter Lippenstift
– Faschingsschminkfarben
– zerquetschte Butterblumen oder Grashalme und vieles mehr.

Nach ein oder zwei – vom Erwachsenen vorgeführten – Beispielen können die Kinder im Haus oder Gruppenraum herumgehen, sich entsprechende Materialien verschaffen oder auch die Mutter oder Erzieherin um, für sie, unerreichbare Dinge bitten.

Besonderheiten:

– Es ist unglaublich spannend, zu beobachten, was die Kinder an Phantasie einbringen.

● Diese Aufgabe stellt hohe Anforderungen an die Kreativität der Kinder, daher eignet sie sich erst für ältere Vorschulkinder.

Sabrina „Schmückfarbenbild"

Die Schlüssel zum Herzen des Kindes – eine Zusammenfassung

Mit Kindern künstlerisch zu arbeiten, beeindruckt uns Erwachsene immer wieder, vorausgesetzt, es herrscht ein partnerschaftlicher Umgang, kein schulmeisterhaftes Vorgehen. Beide Seiten lernen voneinander, ja oft werden wir von der Phantasie der Kinder beflügelt und übertroffen.

Neben dem systematischen Aufbau von klein auf ist eine künstlerisch-harmonische Atmosphäre während des ganzen Tages bedeutsam.

Optimal wäre es, den Kindern zahlreiche Angebote vorzulegen und selbst Freude am bildnerischen Gestalten zu empfinden und zu zeigen. Erst wenn auch die Erwachsenen künstlerisch aktiv werden, gewinnen Malen, Zeichnen, Basteln und so weiter in den Augen der Kinder einen neuen Stellenwert. Es handelt sich dann um eine ernstzunehmende Auseinandersetzung mit persönlich bedeutsamen Dingen.

Hier spielt also, wie so oft, das Vorbild eine entscheidende Rolle, ebenso natürlich Toleranz.

Auch in der Welt der Großen sind die Geschmäcker bekanntlich sehr verschieden und Kunst wird von jedem anders interpretiert. Was heute noch auf Ablehnung stößt, kann d i e Kunst von morgen sein. Daher wäre es unverantwortlich, Kindern unseren Geschmack aufdrängen zu wollen.

Auch darf nicht die Sauberkeit im Mittelpunkt stehen, sondern die Freude, der Versuch, das Experiment.

Wenn die kleinen Künstler dann auch noch stolz auf ihre Arbeiten, sowie bereit und fähig sind, ihre Werke zu erläutern, ist das ein riesengroßer Erfolg.

Literatur

Becker-Textor, I. (1988). Kreativität im Kindergarten. Freiburg im Breisgau: Herder.

Brem-Gräser, L. (1995). Familie in Tieren. München: Reinhardt.

Crotti, E. / Magni. A. (1999). Die geheime Sprache der Kinder. München: Beust.

Eger, B. (1980). Faszination Malen, Praktisches / Erzieherisches / Anregendes. Bern: Zytglogge.

Heller, E. (1997). Die wahre Geschichte von allen Farben. Oldenburg: Lappan.

Herrman / Rieder / Schock / Somer (1993). Das Auge schläft, bis es der Geist mit einer Frage weckt – Über Krippen und Kindergärten in Reggio Emilia. Berlin: FLIPP Verlag.

Kos / Biermann (1990). Die verzauberte Familie. München: Reinhardt.

Manes, S. (1998). Mama ist ein Schmetterling, Papa ein Delphin. München: Piper.

Mehlhorn (1992). In: „Labyrinth" Heft Nr. 37 (Mai), 15. Jahrgang 1992 der Deutschen Gesellschaft für das hochbegabte Kind.

Ministerium für Gesundheitswesen (1985). Programm für die Erziehungsarbeit in Kinderkrippen. Berlin: Verlag Volk und Wissen.

Schmitt, H.-D. / Schneeweiß, B. (1989). Schritt um Schritt. Berlin: Verlag Volk und Gesundheit.

Seitz, R., und das Münchner Team (1986). Kinderatelier. Ravensburg: Otto Maier.

Seitz, R. (1972). Zeichnen und Malen mit Kindern. Ravensburg: Otto Maier.

Seitz, R. (1989). Seh-Spiele, Sinnvolle Frühpädagogik. München: Don Bosco.

Seitz, R. (1983). Tast-Spiele. München: Don Bosco.

Seitz, R. (1988). Kunst in der Kniebeuge. München: Don Bosco.

Zimbardo, G. (1999). Psychologie. 7. Auflage. Berlin: Springer.

Zimmer, K. (1987). Das wichtigste Jahr. München: Kösel.

Zimmer, K. (1991). Schritte ins Leben. Kösel.

Raum für Notizen:

Raum für Notizen: